文莱史纲

海上丝绸之路研究项目
『十三五』国家重点图书出版规划项目

潘正秀　著

世界图书出版公司
广州·上海·西安·北京

图书在版编目（CIP）数据

文莱史纲 / 潘正秀著. —广州：世界图书出版广东有限公司，2019. 2
ISBN 978-7-5192-5482-7

Ⅰ. ①文… Ⅱ. ①潘… Ⅲ. ①文莱—历史 Ⅳ. ①K344

中国版本图书馆CIP数据核字（2018）第284287号

书　　名	文莱史纲 WENLAI SHIGANG
著　　者	潘正秀
责任编辑	程　静
装帧设计	苏　婷
责任技编	刘上锦
出版发行	世界图书出版广东有限公司
地　　址	广州市新港西路大江冲25号
邮　　编	510300
电　　话	020-84451969　84453623　84184026　84459579
网　　址	http://www.gdst.com.cn
邮　　箱	wpc_gdst@163.com
经　　销	各地新华书店
印　　刷	广州市迪桦彩印有限公司
开　　本	787mm × 1092mm　1/16
印　　张	11
字　　数	180千
版　　次	2019年2月第1版　2019年2月第1次印刷
国际书号	ISBN 978-7-5192-5482-7
定　　价	45.00元

咨询、投稿：020-84451258　gdstchj@126.com

《东南亚各国史纲》编委会

总　序

2014年4月，中国出版集团下属的世界图书出版广东有限公司与北京大学东南亚学研究中心联合召开了东南亚各国历史编辑出版会议，决定于2015—2016年编撰、出版《东南亚各国史纲》。出版公司和作者们一致同意，《东南亚各国史纲》按东南亚国别独立成册，共11册，内容涵盖东南亚各国古代、近代和现当代的历史发展沿革及社会、经济、文化、军事和对外关系等方面，要求在前人研究和已出版的东南亚国别史的基础上，吸纳国内外史学界的新成果，力求撰成一套有研究性的学术著作和高等学校东南亚教学的重要参考书。

一

在迈入21世纪的新形势下，思考周边问题，研究周边国家的历史，是具有重要学术研究价值和富有现实意义的前瞻性课题。东南亚地域辽阔，岛屿众多，总面积达457万平方公里，人口约5.6亿，它由中南半岛和马来群岛两大部分组成，共11个国家，包括越南、柬埔寨、老挝、缅甸、泰国、马来西亚、新加坡、印度尼西亚、菲律宾、文莱和东帝汶。东南亚地处东西方文化交汇和传播的十字路口，是“海上丝绸之路”的必经之地，受到中国、印度、伊斯兰文明，以及西方文明的影响。它是一个历史悠久，文化多元的地区，在世界文明的历史舞台上，占有至关重要的地位。

位于亚洲东南部的东南亚，既是我国的周边近邻，与我国有地缘上的特殊关联，又大都是发展中国家，与我国有着许多共同利益。毗邻中国，地处“海上丝绸之路”必经航线上的东南亚，以其独特区位优势，成为当前我国实现“一带一路”战略的第一站。研究和出版东南亚国家的历史，总结中国与东南亚国家关系发展的历史经验，对增进我国与东南亚国家的友好关系，促进当代亚洲共同体和21世纪海上丝绸之路的建设有着至关重要的意义。

东南亚（Southeast Asia）作为一个地理区域的名称，始于第二次世界大战时期。东南亚地区是一个独立的人文地理单元，东南亚各国既在政治、经济、社会、文化诸领域存在密切的联系，又在民族、语言、历史、宗教和文化等方面各具特色。第二次世界大战后，东南亚更演变成为一个重要的战略区域，东南亚研究因此作为一门相对独立的学科日益繁荣兴盛。

当代东南亚研究的显著特征是，学者们既将东南亚作为一个整体开展综合性的全面系统研究，又对东南亚各国的发展进行深入剖析，取得了前所未有的成就。当前，东南亚研究受到各国学术界的广泛重视，不但欧美国家重视东南亚研究，邻近东南亚的中国、日本，就连澳大利亚等国也十分重视东南亚研究，尤为重要的是东南亚本地区的研究蒸蒸日上，这是东南亚研究蓬勃发展的重要标志。

中国与东南亚国家是山水相连、唇齿相依的近邻，中国历来有研究亚洲周边各邻国，包括东南亚国家的优良传统；自古以来，中国就有治史的传统，并建有机构，形成一定的制度。中国历代保存下来的古籍无比珍贵，堪称研究东南亚历史、地理、民族、经贸、宗教与文化发展的“无价之宝”，备受国际学术界的赞赏和重视。

中国的东南亚研究是国际东南亚学的一个重要部分。近代以来，建立在科学理论与方法基础上的中国东南亚研究发展到一个新的阶段。在中国的地区与国别的研究中，东南亚和东南亚国家研究一直是一个富有研究传统，基础较好，力量较强，而且成果较多的领域。

中国老一辈的学者善于利用中国丰富的古籍资源进行考证，或是利用他们掌握的中外语言工具，将西方学者的研究翻译成汉文，介绍到国内来，他们所撰写的中外关系史、海外交通史等著述，以中国的汉学为依托，充分发挥了自己的优势，补学术领域之空白，在国际学术界占有了一席重要的地位。在老一辈学者的带领下，中国的东南亚研究已颇具规模并拥有了一支精干且颇有水平的学术队伍。改革开放以来，伴随全球化、区域一体化的发展，和对周边国家文明的源流与发展研究的关注，中国东南亚学界在东南亚史的研究方面又取得一些引人瞩目的进展，如东南亚地区史和菲律宾、缅甸、泰国、越南、柬埔寨、老挝等一些东南亚国别史著作的出版，泰族、壮族等跨境民族起源的开拓性研究，中国东南亚文化交流史、华人华侨史、殖民主义史和东南亚经济、政治和国际关系史的撰写，中国古籍中有关东南亚国家史料的整理，以及相关外国名著翻译等，都是东南亚研究领域的重要成果，对中国东南亚的教学、研究与出版事业的发展都作出了重大贡献。

但我们也看到，在中国东南亚史学研究方面仍存在不少问题。一是，近些年来，史学研究作为中国人文社会科学研究的支柱之一，未获得足够的重视，尤其是古代史研究受到冷遇，出现轻视历史研究的倾向；二是中小国家的研究也未能受到应有的关注，中小发展中国家的研究，问津者甚少，甚至后继乏人。这是值得我们注意的问题。在当代东南亚现状的跟踪与研究的热潮中，历史研究往往处于边缘化状态。中国东南亚地区通史和国别史的研究成果并不多，全面系统的高水平研究著作尤其缺乏。进入21世纪以来，由我国学者编撰的东南亚地区通史仅有一部，东南亚古代或现代地区史著作也寥寥无几，东南亚的国别史大多还是20世纪出版的，有的国家只有通俗性的简史。这种状况与我国现今的国际地位和我国与东南亚国家关系的飞跃发展的形势很不协调。

在2014年10月中央召开的周边外交工作座谈会上，习近平主席强调指出，我国周边外交的基本方针，就是坚持与邻为善、以邻为伴，坚持睦邻、安邻、富邻，突出体现亲、诚、惠、容的理念。发展同周边国家睦邻友好关系是我国周边外交的一贯方针。要诚心诚意对待周边国家，争取更多朋友和伙伴。要本着互惠互利的原则同周边国家开展合作，编织更加紧密的共同利益网络，把双方利益融合提升到更高水平，让周边国家得益于我国发展，使我国也从周边国家共同发展中获得裨益和助力。为了推动我国对东南亚周边国家历史研究的全面而持续的发展，中国出版集团世界图书出版广东有限公司与北京大学东南亚学研究中心合作，邀请研究东南亚历史文化的专家学者，采取“老、中、青”三结合方式，集体协作，共同编著《东南亚各国史纲》。这是适应我国重视和大力发展同周边国家睦邻友好关系的一项重要出版措施。

二

本丛书编委会认为，《东南亚各国史纲》是一套系统全面又有重点地阐明东南亚各国社会历史发展演进全过程的学术著作。全书以唯物史观为指导，从客观的历史实际出发，采取分国独立撰著的方式，阐述东南亚各国从远古史前社会起始，经历古代、近代、现当代各个历史时期社会的发展演变，内容涵盖政治、经济、宗教、文化和国际关系等诸多方面，同时对历史发展的基本轨迹和特征，以及重大历史事件、重要历史人物作客观的阐释和评析。

《东南亚各国史纲》力求做到史论结合、综合论述与个案剖析相结合，既要吸纳前辈学者的成果，发扬既有的优势，还必须更多地利用国外的文献资料，特别是东南亚国家的文献资料，包括考古发掘和碑铭等原始资料，并通过集体的协作，取长补短地开展有组织的研究。为贯彻“一致性”与“多样性”相结合的原则，《东南亚各国史纲》各册既有大体一致的结构和体例，同时根据各国的具体情况，在篇幅、分期、资料和内容等方面，有自主多样的选择和不同的风格与特色。

在研讨全球化史观与理论时，学者指出，中国的世界史研究者应在全球史观的基础上不断进行修正和补充，加入中国与当代特色，以建构中国的全球史研究体系与理论，研究应从宏观和微观两个方面相互促进。从宏观方面，应以更广阔的全球眼光作为视域；微观方面，应重视对国别史、地区史的研究，修正世界史研究中欧洲中心主义的弊端。我们认为，加强东南亚国别史研究对建构中国的全球史研究体系与理论，将具有学术价值和理论方面的积极贡献。

为此，首先，须从全球视野和区域史的框架出发，开展理论建设，将东南亚视为一个既有密切联系，又具有多样性发展的地区进行研讨。东南亚国家都是多民族的国家，宗教信仰和文化发展的多元性是突出的特征。在史学研究领域，我们应有一种开放性的心态，从东南亚的历史实际出发，努力探索东南亚历史发展的不平衡性与多样性，而不要囿于过去研究的思维定势、传统的方法与模式，要避免以往按王朝体系撰写历史的偏向。

第二，与此同时，应将东南亚的历史与文化结合起来进行研究，以历史发展为基本脉络，与文化发展密切结合起来，在论述东南亚国家的经济、政治与社会发展的同时，对东南亚的文化，包括宗教的发展作必要的阐述，这样才能较为全面系统地勾画出东南亚国家社会发展的全貌。东南亚国家的文化发展灿烂辉煌，又各具特色，东南亚与中国、印度和外部世界的文化交流频繁而多样。在撰写历史发展进程时增加文化发展和文化交流的内容，将使研究更加丰富多彩。

第三，东南亚国家是与中国接触很早，与中国有悠久的历史关系的近邻，中国文化与包括东南亚国家的亚洲的文化相互关联又各具特色；中国文化对东南亚国家的文化产生过深刻的影响，而东南亚国家的文化对中国文化的丰富和发展也作出了宝贵的贡献，研究要坚持文化传播的双向性与互动性，尽力反映东南亚国家各民族的历史发展与所作出的宝贵贡献。

中国学者研究东南亚历史与文化问题，或出版这方面的著作，必然要体现中国的特色。针对长期影响东南亚研究的“欧洲中心论”而言，提出撰写有中国特色的东南亚史的要求是必要的。从中国的视角考察，并充分利用中国的史籍是十分重要的，但在东南亚各国历史与文化发展进程中，中国对东南亚究竟产生了什么影响？如何客观地评价历史上中国与东南亚国家之间的关系等等，都是我们应重新研讨的重要问题。

参加《东南亚各国史纲》编撰的专家学者大都曾长期从事东南亚历史、语言、文化的教学与研究，并曾在国外留学、访问、考察或担负外交工作，与国外学术界，包括东南亚国家的学者有密切的联系，在努力吸纳中外学者研究成果的基础上，利用掌握相关国家语言的有利条件，运用了对象国家的原始文献资料写作，是本丛书的一个重要特色。

三

《东南亚各国史纲》是由中国出版集团世界图书出版广东有限公司倡议，并获得北京大学东南亚学研究中心的学术支持与合作。参加编著的作者来自厦门大学南洋研究院，中山大学国际关系学院，广东外语外贸大学东方语言文化学院、东南亚研究所，广西民族大学东南亚语言文化学院、东盟学院，云南大学国际关系学院，北京大学外国语学院、国际关系学院、历史学系和外交部中国国际问题研究基金会等高等院校与学术机构，《马来西亚史纲》还特邀华人学者参编。本丛书的编著出版是一项集思广益、集体协作的文化工程。

编撰一套具有独特视角和富有特色的《东南亚各国史纲》，并非易事。本丛书是作者们合作编撰历史著作的又一次学术探索与尝试，由于学术水平与时间有限，难免有疏漏不当之处，诚望获得同行专家和广大读者的教正。

在本丛书编著出版过程中，获得各方面领导和朋友们的诸多帮助，世界图书出版广东有限公司卢家彬副总经理、刘正武总经理助理和程静编辑给予了大力支持，付出了辛勤劳动；美国康德公司基金会董事会执行董事长王立礼先生对本丛书出版给予了慷慨的捐赠与赞助，作者们谨致诚挚的谢忱！

《东南亚各国史纲》编委会

2016年12月20日

目 录

导　论

第一节　文莱概况

文莱（Brunei），全名“文莱达鲁萨兰国”，位于东南亚马来群岛中的一个大岛——加里曼丹岛（原称婆罗洲）的西北部，离赤道440千米，在北纬4°～5°5′、东经114°2′～115°22′之间。其东南西三面与马来西亚的沙捞越州接壤，并被分割成不相连接的两个部分，北濒浩瀚的南中国海，与我国的南沙群岛邻近。海岸线长约160千米，从文莱湾的东北角向西南一直延伸到沙捞越边境。文莱全国面积为5 765平方千米。

一、地形地貌

沿海地区为狭长的平原，而内地多山。东半部由广阔的沿海平原向内地延伸为崎岖的山地，西半部为丘陵低洼地。东部的淡布伦地区地势较高，多丘陵、山地；西部的白拉奕河流域、都东河流域及文莱—穆阿拉地区是文莱的主要部分，这里多为平原。巴贡山是全国最高山峰，海拔1841米。全国有四大河流：文莱河、都东河、白拉奕河及淡布隆河。文莱还有一条林梦河，它主要流经淡布伦区与文莱—穆阿拉区之间的马来西亚沙捞越林梦地区，也是南北走向的一条河流，在文莱—穆阿拉区境内注入文莱湾。文莱约75%的国土面积被原始森林覆盖。文莱的地表是在第三纪地盘岩的基础上发展而来的，主要成分有砂岩、页岩和黏土。由于地层沉降，长年累月的高温和高降雨量导致地表遭到严重的腐蚀和风化，虽然有森林覆盖，但还是形成了起伏不平的山脉和险峻的沟壑。洪水和河流多年冲刷过的山坡水土流失十分严重，其沉淀物形成了沿海平原。

文莱的33个岛屿总面积为79.39平方千米，占文莱国土总面积的1.4%。这些岛屿只有两个岛屿位于海上，其余大部分位于文莱河的下游和河口地区。除了个别岛上有人居住外，文莱大部分岛屿为无人岛屿，仅有渔民、考古工作者、探险队和旅游者的足迹。文莱最大的岛屿为柏南邦岛（Beranbang），该岛因为具有丰富的天然气，是文莱经济的发源地。1917年，柏南邦岛上发现了天然气，曾为英国殖民者带来了不菲的收入。柏南邦岛上人口稠密，道路通畅，村落连贯整洁，居民和睦相处。特林达岛（Terindak）是文莱最小的岛屿，传说该岛是500多年前修建的一个人工岛屿，现在岛上有茂密的红树林。坐落在文莱河口的切敏岛（Chermin）尽管目前是一个荒芜的小岛，但在文莱历史上曾“光芒四射”。据目前的考古发掘，该岛是古代文莱与本地区一些国家开展贸易的地点。考古学家在岛上发现了中国唐朝和明朝的瓷器，成为文莱与中国友好交往的证据。由于该岛的历史价值，现在文莱公民必须向有关部门申请准许才可以登岛。

二、气候

文莱全境处于低纬度地区，属于热带雨林气候，全年高温多雨，气候受热带季风影响明显，一年分为干、湿两季，雨季较长：2月至4月为旱季，气候炎热；5月至次年1月为雨季，其中12月为每年雨量最大的季节。文莱最高气温一般为33摄氏度，最低为26.2摄氏度，平均气温28.3摄氏度，平均湿度为82%，全年温差较小。文莱一般年降雨量为2500~3500毫米，但1999年较为特殊，只有1112毫米。文莱全国可以分为3个降雨带，一个是东部的淡布伦，年均降雨量为4000毫米；一个包括文莱—穆阿拉、白拉奕和都东的大部分地区，年降水量2900毫米；一个是从杰鲁东到都东谷地中部的一小块地方，降雨量较少，年均2400毫米。文莱没有直接遭到热带风暴、旋风和台风的影响，几乎没有自然灾害。

三、自然资源

文莱的矿产资源主要是石油和天然气。根据《文莱首相府经济计划发展局统计公报》，文莱已探明原油储量为14亿桶，天然气储量为3900亿立方米。据估算，文莱尚待开采的原油储量为16亿桶，还可以开采30年；尚待开采的天然气储量为3220亿立方米，还可以开采37年。2010年底，文莱与马来西亚达成协议，协议规定此前双方存在争议的海上石油区块将归属文莱，预计文莱石油储量将因此翻番。除石油以外，其他矿产资源主要有金、硫酸盐、宝石和石油，还有少量铁、煤、石灰石和硅砂。

文莱的森林资源和热带农产品等也较为丰富。文莱境内3/4的土地上都覆盖着热带雨林，森林覆盖率高，其中绝大部分为从未开采过的原始丛林。全国有11

个森林保护区，面积为2277平方千米，占国土面积的39%，86%的森林保护区为原始森林。木材种类多达200余种，盛产贵重的柚木、铁木、紫檀、黑檀、白卯等热带林木，并有多种竹类。此外，文莱还出产橡胶、椰子和胡椒等热带作物。

在动物生物资源方面，由于文莱沿海一带海水含盐量少，温度适宜海洋生物生长，海边成为富有的海生动物养殖场，因此文莱海洋渔业区内有丰富的渔业资源。文莱海域没有污染，又无台风、地震等自然灾害袭击，非常适宜开展海洋捕捞和鱼虾养殖。据文莱渔业局统计，文莱海域最大可捕捞量约21300吨，其中沿岸资源3800吨，底层资源12500吨，浮游资源5000吨。白拉奕河、都东河、文莱河和淡布伦河中也盛产鱼虾。洞里萨湖为东南亚最大的天然淡水渔场，素有“鱼湖”之称。西南沿海也是重要渔场，多产沙丁鱼、金枪鱼、巴士鱼。

四、民族宗教

截至2013 年7月，全国人口40.6万。文莱人口虽不多，但有20 多个大小民族，居民大致可分为原住民和非原住民两大类。原住民主要由马来人和达雅克人构成。马来人是文莱的主体民族，约占全国人口的2/3，最早于13—15世纪自苏门答腊和马六甲等地迁徙而来。他们最早信奉万物有灵的拜物教，后来又信仰印度教和佛教，15世纪后大多改信伊斯兰教，属逊尼派穆斯林，自认为是阿拉伯的“赛义德”，即伊斯兰创始人穆罕默德的后裔。文莱把所有土著居民统称为“达雅克人”，它包含许多民族，主要有伊班人、卡达扬人、杜逊人、穆鲁特人、马兰诺人、巴曹人、加央人和比南人等，占全国人口的6% 。他们大多数人至今仍信仰万物有灵的拜物教，只有部分人改信伊斯兰教或基督教。

文莱的非原住民包括华人、欧洲人、南亚人、东南亚人和南非人。如今，在文莱有华人5.7 万，约占全国人口的15% ，在文莱人口比例中居第二位，仅次于马来人，为非原住民中人口最多的一个民族。华人在居住、语言、信仰、婚姻等方面都自成一体，极少与原住民融合。目前，在文莱还居住着其他一些非原住民，包括巴基斯坦人、斯里兰卡人、印尼人、菲律宾人、澳大利亚人、新西兰人、加拿大人和南非人等。这些非原住民为数不多，仅占文莱全国人口的2% 。

在文莱，居于支配地位并被多数人信仰的是伊斯兰教，故伊斯兰教被尊为国教，为逊尼派伊斯兰教。自独立以来，文莱政府一直致力于维护和提升伊斯兰教的地位，把伊斯兰教作为政府制定政策的依据和整个社会的行为准则，力图促使其他异教徒皈依伊斯兰教，使整个文莱变成一个“一元化”的穆斯林社会。但在文莱也有部分居民信奉佛教、印度教、基督教、妈祖教和万物有灵的原始宗教。文莱华人多数信奉佛教，但也有少部分人信奉由中国东南沿海传去的妈祖教；印度移民以信奉印度教为主，其次信奉佛教；欧洲移民及部分达雅克人主要信奉基督教；而当地土著民族——达雅克人普遍信奉万物有灵的原始宗教。

由于历史条件不同，各个民族的经济、宗教、文化、风俗、习俗以及居住地区也各有不同。在文莱，各民族的政治地位差别甚大。苏丹国是马来人建立的，因而他们一直处于统治地位，享有各种明显特权，其他民族则处于附属或被统治的地位，即使沦为英保护国时期，各民族之间的政治差别也依然界线分明。根据文莱传统习惯法的规定，所有由苏丹任命的官员，包括中央和地方县区以上的官员，均由马来人担任，其他原住民只能担任低级的乡村头人。至于其他外来民族（殖民时期的英国人除外），则根本不能担任政府公职。华人政治经济地位受到较多的限制。文莱的华人大多数至今尚未取得当地国籍。作为非公民的华人，政治上既没有选举权和被选举权，也不能享受免费医疗保健、免费教育及其他社会福利，在政府机构中任职的可能性极小，要想获得土地也非易事。土著居民虽有公民权，但政治地位不高。文莱的土著居民——达雅克人虽然被政府承认为当地最早的居民，享有公民权，但他们在文莱社会中仍然处于底层，生活和就业处处遭受歧视和排斥。

五、中文关系源远流长

中国与文莱（史称“渤泥”）是同濒一海的友好邻邦，两国人民之间有着长期友好交往的历史，仅有文字可考者，便有2000年以上。远在中国西汉时期，两国间就有了商品交换关系。唐代年间（公元669年），两国政府间开始了正式交往。自宋代以后，两国间官方和民间的商业和文化往来日益频繁，并开始载入了中国的正史。到了明代，两国友好关系发展到最高峰。16世纪末西方殖民主义者入侵文莱后，两国间的友好关系被中断，但两国的民间交往并未中止。

1984年文莱独立后，中文双边关系开启了新的历程。1984年1月1日，中国领导人致电文莱苏丹国苏丹哈桑纳尔·博尔基亚，热烈祝贺文莱苏丹国获得全面独立。自1988年，双方在国际场合接触日益增多，并开始就包括两国建交在内的双边关系问题以及共同关心的地区和国际问题交换了意见，取得了广泛的共识。与此同时，双方经济、文化等方面的交往逐步展开。1991年9月30日，两国外长在联合国总部签署了《关于两国建立外交关系的联合公报》。开启谱写中文友谊新的篇章。双方当时商定，两国各自驻马来西亚大使兼任驻对方国家的大使。为适应两国关系不断发展的需要，1993年8月双方商定在各自首都互设使馆，并互派常驻大使。中文建交20多年来，在双方的共同努力下，两国在政治、经济、文化、教育等领域的交流与合作取得了长足进展，在地区和国际事务中相互支持，密切合作，两国的传统友谊显示出新的蓬勃生机。

第二节　文莱史研究现状

文莱作为南海的一个岛国，对其研究也必然融入整个东南亚大背景下。有关部门文莱研究主要情况如下：

新中国成立以前，对于文莱的研究主要涵盖于一些有关东南亚的史地著作中。其中以冯承钧先生为代表，他翻译了大量外国学者研究南海地区的专著，如费琅的《昆仑及南海古代航行考》和《苏门答腊古国考》，马伯乐的《占婆史》，鄂鲁梭的《秦代初平越南考》，保罗·伯希和的《交广印度两道考》，直到今天这些资料都非常珍贵。冯先生的另外两部著作《西域南海史地考证论著汇辑》《西域南海史地考证译丛》都深入考证了古文莱的各种情况。他的《中国南洋交通史》撰于1936年，该书的第八章、第九章、第十章分别介绍了宋代到明代中叶时期的南洋交通。从13世纪到15世纪，这是中国与南洋交通繁荣时期，中国海船已不断出没于南海与印度洋之间。书中指出，元人南海行纪，今传世者仅有汪大渊的《岛夷志略》一书。第十章：郑和之下西洋中对文莱在南海中的地理位置做了具体描述“今日以西方之地，今名曰印度洋或南洋者，昔概称曰南海或西南海，惟于暹罗南之海特名曰涨海而已。”[①] 至于明朝初则名曰西洋，故《明史·婆罗传》卷二三云：“婆罗（Borneo）又名（Brunei），东洋尽处，西洋所自起也。”从中我们可以了解到文莱在南洋地理位置的特殊性。该书的下编共七章，其中第五章《南海群岛诸国传》有较为详细的关于文莱国的研究，引用了《梁书》《随书》《旧唐书》《新唐书》《诸蕃地》《宋史》《岛夷志略》《明史》中有关文莱的

① 此涨海译名并见大食、波斯人撰述中，大食人谓自波斯达中国逾海七，最东之海曰Cankhay，即涨海也。

内容。称："渤泥国即今加里曼丹岛西北的文莱国（Brunei），宋代至明初称渤泥（Borneo），明中叶后或称婆罗或称文莱，其地包括今文莱国、马来西亚的沙捞越州、沙巴州及印尼西加里曼丹的一部分，与中国关系密切。宋代已有泉州人侨居其地不归。冯承钧先生的《中国南洋交通史》可以说比较系统概括了古代中国与南洋各国的交往情况，其中不乏对中文交往的记载。

新中国成立以后，关于中国与东南亚关系的研究以朱杰勤先生为代表，他先后出版了《亚洲各国史》和《东南亚华侨史（外一种）》。《东南亚华侨史（外一种）》详细研究了元明时代中国人在东南亚各国的活动以及明清之际的"海禁"和华侨政策。他的另一部著作《中外交通史》用重要篇章论述了元朝同马来诸岛之交往及元朝同东南亚各国的贸易交往；明朝同马来群岛诸国的交往及明代华侨拓殖南洋的清朝中国和东南亚各国的关系及华人和华工的不断出洋的情况。考证东南亚各国及文莱的历史地理学者著作主要有：陈佳荣先生的《古代南海地名汇释》，他对古文莱的地域、地名进行了详细考证。中国社会科学文献出版社出版了《列国志·文莱》，书中较为详细地介绍了文莱的国土与人民、历史、政治、经济、军事、教育、文艺、外交政策和对外关系等方面的内容。

中国古代的朝贡体系是国外学者关注的领域，其中以日本学者滨下武志为代表，他的专著《近代中国的国际契机——朝贡贸易体系与近代亚洲经济圈》和《朝贡体系与近代亚洲》都以独特的视角论述了以中国为中心的亚洲朝贡贸易体系，深入地研究了东南亚各国与中国的朝贡关系。关于中国与文莱的关系研究，以饶尚东先生为代表，所著的《文莱经济多元化发展道路》《文莱经济发展》《文莱的人口问题》，对文莱社会的基本情况做了概述。饶先生在1991年出版的《文莱华族会馆史论》论述了文莱华族会馆的发展史。关于文莱研究的英文著作有《History Dictionary of Brunei Darussalam》《Beunei Darussalam in Brief 》《Beunei Darussalam》。

关于中文交往、文莱研究的学术论文，有王青的《历史中国与文莱的友好交往》[①]，庄国土的《"马来化、伊斯兰化和君主制度"下文莱华人的社会地位》[②]，方福祺的《古代的海上贸易与南海诸国的中国移民》[③]，廖寅的《汉唐时期中国与南

① 载于《东南亚》[J]，1998年02期，云南省社会科学院主办，第51–58页。

② 载于《东南亚研究》[J]，2003年05期，暨南大学东南亚研究所主办，第63–68页。

③ 载于《云南教育学院学报》[J]，1993年04期，云南师范大学主办，第47–52页。

海诸国之关系》[①]，文中指出：汉唐时期是中国与南海诸国关系的起步阶段，初步形成了以中国为中心，“诸国福辏”的朝贡体系，双方的贸易、文化交流都取得了很大的发展，形成了“互利互惠”的贸易关系和多元化“生活圈”，奠定了后世双方关系的基础。聂德宁的《中国与文莱贸易往来的历史考察》，[②] 这篇文章主要研究历代中国和文莱的贸易往来，文中指出“中国与文莱的贸易往来早在唐代就已开始，到了宋代，两国间建立起了朝贡贸易关系，明代前期，中国与文莱两国间的朝贡贸易往来极盛一时，交往频繁。从明代后期至清代中期，文莱成为中国帆船以及民间海商人东洋、东南洋贸易航线的主要贸易港口之一，构成了明清时期中国帆船海外贸易活动的一个重要组成部分。”关于渤泥国王墓也有以下几篇文章：唐云峻、韩品峥的《渤泥国王墓地考析》[③]，黄继东的《海内知已 天涯比邻——读〈渤泥国王墓探源〉[④]，季士家的《关于渤泥国王和墓碑碑文问题——与史原同志商榷》[⑤]。罗满秀、汤希的《论中国与文莱关系特点及前景》[⑥] 是一篇研究当代中文关系的学术论文。此外，杨新华、杨建华的《浡泥国王墓探源》在全面叙述该墓从发现到历次维修情节的同时，又在探索考证过程中，对浡泥国的历史、地理、文化及风俗人情等均作了较为详尽的介绍，既为学术专著，又为旅游指南，融史料性与知识性于一体，具有一定的学术价值和社会意义。

第三节　文莱史的历史分期

自古以来，由于各种条件的限制，国内外介绍文莱的情况不多，所以人们对它不甚了解。文莱在人们的心目中是一个神秘的国家。据历史记载，文莱建国至今已有1510余年，为东南亚地区古国之一。该国与世界上有悠久历史的国家一样，也经历了古代、近代和现代。文莱人民为争取民族独立进行了长期英勇的斗争，于1984年1月1日才结束英国殖民主义的统治，获得了完全独立，从独立到2014年才30年，应该说是现代国家中的年轻国家之一。

---

① 载于《学术论坛》[J]，2007年11期，广西社会科学院主办，第93-96页。

② 载于《中国社会经济史研究》[J]，2008年02期，厦门大学历史研究所主办，第78-84页。

③ 载于《东南文化》[J]，2009年02期，南京博物院主办，第63-67页。

④ 载于《东南文化》[J]，2003年03期，南京博物院主办，第90-91页。

⑤ 载于《福建论坛》(人文社会料学版)[J]，1984年05期，福建社会科学院主办，第73页。

⑥ 载于《长春工程学院学报》(社会科学版)[J]，长春工程学院主办，第31-34页。

每一个国家的产生和发展都有其发展的历史过程。根据历史记载，文莱在悠久历史的长河中，曾经有过一段长时间的“黄金时代”，如15—16世纪期间，文莱在东南亚曾成为一个空前强盛和繁荣的国家，其疆域包括整个婆罗洲（即现在的加里曼丹岛）和菲律宾的部分地区。当时文莱不仅是东南亚海上贸易的货物集散中心，而且还是整个东南亚地区的伊斯兰教中心。至今文莱人提起这段辉煌的历史仍感到无比自豪。

但在近代，文莱却落后了。主要原因是，17世纪初由于文莱统治阶级争权夺利的内讧和西方列强的入侵，之后，长期被英国、日本等帝国主义侵略和统治，文莱人民为了国家独立进行了长期的斗争，终于取得了完全独立。根据有关历史记载和历史学者的研究成果，我们把文莱历史分为古代、近代和现代的几个阶段：

一、古代

据对沙捞越（文莱的原来领土）尼亚（Niab）洞群考古发掘出的头颅分析证明，3500年前就有土著人生活在文莱一带。公元前，开始有马来人移居此地。文莱也经历相当长时期的原始社会。随着人类的进步和生产力的发展，文莱也逐渐出现了私有财产和阶级的划分，富有的阶级为了维护本身的利益，而逐步建立了作为阶级统治工具的国家。加里曼丹岛也出现了国家，最早出现的国家可追溯至公元4世纪，马来文名叫摩拉跋摩王国。从摩拉跋摩王国到15世纪文莱苏丹建国的1000余年间，为文莱古代时期，其中包括以下几个时期：

（一）建立独立王国 对于古时文莱何时建立自己的国家，大多史籍比较一致的看法是文莱建立独立王国时期始于4世纪到9世纪，历经400余年。在这一时期，文莱国土辽阔，南至丹绒达都，东至巴兰邦岸，北至苏禄，西至沿海。此时的文莱国力强盛，国王权势大，法制严格，经济上物产丰富，民众殷实。

（二）被室利佛逝占领 据史籍记载，9世纪30年代开始文莱王国臣服室利佛逝。这样从9世纪中叶到10世纪一直被室利佛逝占领，共约150年。在室利佛逝统治文莱的一个半世纪里（公元835—977年），文莱的经济及社会遭到严重破坏。

（三）恢复文莱王国独立 据史籍记载，10世纪末，由于爪哇的兴起，特别是1017年、1025年两次战争，给室利佛逝致命的打击，该国从此走向衰落，逐渐失去对遥远的附属国的控制。在这种情况下，文莱王国趁此摆脱室利佛逝的统治，又逐渐恢复了自己的独立。

（四）被麻喏巴歇（也有译称满者伯夷）帝国占领 根据历史记载，从14世纪中期，文莱被麻喏巴歇国占领。15世纪初，文莱国王麻那惹加那力图摆脱麻喏巴歇国的扩展，曾向中国明朝上书求援。当时由于麻喏巴歇内部王位之争和马来半岛的马六甲王国兴起，1473年，马六甲王国消灭了麻喏巴歇国，文莱摆脱了与麻喏巴歇国的附属关系，转而依附马六甲。不久，文莱获得了再次振兴。

二、近代

文莱自古至今是以土著人为主体的酋长国。文莱建国至今，其国家元首，也就是国王一直称为苏丹，综观文莱的近代史，可以分为以下几个时期：

（一）苏丹王国建立后和各个时期苏丹的继承 15世纪之前，文莱先后处于近邻强国室利佛逝国和麻喏巴歇的支配和控制之下称臣纳贡。为摆脱这种局面，文莱国王阿旺·阿拉克·贝塔塔尔（Awang Alak Betatar）开始寻求满剌加（今柔佛州）国的帮助，出访满剌加国，并于1414年与满剌加国苏丹的女儿结婚，通过联姻与马剌加国联盟。婚后，文莱国王阿旺·阿拉克·贝塔塔尔皈依伊斯兰教。作为回报，满剌加国苏丹授予他“文莱苏丹”头衔，被尊称为苏丹穆哈玛德·沙（Muhammad Shah），即一世苏丹。从15世纪末到17世纪初，即第五世苏丹博尔基亚到第九世苏丹哈桑的100多年中，文莱国势强盛，成为东南亚有影响的国家之一。史称为文莱历史上的黄金时代。进入17世纪后，文莱苏丹国开始进入长期衰弱时期。从18世纪末叶开始，文莱苏丹已无法实施对较远地区的统治，实际上是名存实亡。19世纪初期，新加坡的开埠与发展对文莱造成极大的影响。1824年，文莱派一贸易使团到新加坡进行访问，试图开展对外联系和出口本国产品（沙捞越的锑）。与此同时，一艘欧洲船只来到文莱，文莱政府一反过去闭关排外的政策，批准该船驶进文莱城。从此，文莱开始与西方交往。

（二）英国等西方殖民者对文莱的侵占和统治 文莱的内乱给英国殖民者有机可乘。自从经过几次王位继承战争之后，文莱国内经济停滞凋敝，再加上海盗活动猖獗，苏丹的统治大大削弱，各个地方官员和头人横征暴敛，为所欲为，阶级矛盾和民族矛盾日益尖锐，尤其是沙捞越地区。1888年，文莱正式沦为英国的保护国，外交、国防交由英国掌管，并给予英国居民以领事裁判权。1941年12

月8日太平洋战争爆发后不久，日本军国主义占领了文莱。1944年，以美国和英国为首的盟军开始在太平洋地区进行反攻，同年10月3 日，英军占领了文莱全境。英军攻占文莱后，立即恢复了原来文莱的边界划分，并对文莱实行军管，一直到1946年7月6日英军才将政权正式交给英国殖民地的文职政府。英国又恢复了对文莱的殖民统治。

（三）文莱人民为独立而进行的长期斗争 第二次世界大战后，不少国家从此获得了独立。民族解放运动和国家独立运动蓬勃发展，这一大好形势极大鼓舞了文莱人民起来为自己国家的独立而斗争。1950年，第二十七世苏丹艾哈迈德贾丁·阿克哈祖尔·凯里·沃丁病逝。他生前无子，只有女儿，又都年幼。后由他弟奥马尔·阿里·赛福丁三世于同年6月继任苏丹，为第二十八世苏丹。从1963年到1967年间，奥马尔曾与英国政府谈判多次，在不少问题上与英国意见不一致，如扩大部长制度，召开制宪会议，加入马来西亚，撤退廓尔喀营以及更换英国驻文莱的高级专员等。1967年10月4日，苏丹奥马尔·阿里·赛福丁突然宣布将王位让给他的儿子——21岁的哈桑纳尔·博尔基亚。1968年8月1日，哈桑纳尔·博尔基亚正式加冕，为第二十九世苏丹。英国把愿望寄托在新苏丹身上，以为他会在更大的程度上反映英国的利益，并按照英国殖民当局意愿行事。但新苏丹即位之后，文莱上层人物仍然明显地表露出要求独立的意向。1979年1月7日，苏丹与英国外交及联邦事务大臣戈伦韦-罗伯茨（Goronwy Roberts）分别代表两国政府在文莱斯里巴加湾市议会大厦正式签署《文莱英国友好合作条约》。1983年5月，文莱官方宣布，英国于1984年1月1放弃其掌握的文莱的国防和外交权力。文莱正式宣布完全独立。

三、现代

1984年文莱独立后，翻开了文莱历史上新的一页。从总体来讲，文莱已经掌握了自己国家的命运，它选择了自己的发展道路，文莱在政治、经济、文化、外交、军事等方面都发生了较大的变化，并已经取得了辉煌成就，综合国力大增，国家和人民富裕，成为世界上最富有的国家之一，是典型的石油经济国家。作为东盟成员国，文莱在国际和地区事务中发挥维护和平稳定的作用。

2008年1月，文莱首相署经济规划和发展局发布了《文莱长期发展规划》（又称《2035年宏愿》），提出到2035年，文莱要建立起富有活力和可持续发展的经济，并在生活质量和人均收入上进入全球前10名。为顺利实现这些目标，文莱制定了八大战略：教育战略、经济战略、安全战略、机制发展战略、本地企业发展战略、基础设施战略、社会保障战略和环境保护战略。

但在当今经济全球化和科技信息高度发展的情况下，世界各国不可能独善其身，闭关自守，像文莱这样一个君主政体的小国，在现代化和国际交往增多的情况下也必然受到影响和冲击，面临着不可回避的主要挑战：首先，长期以来文莱的稳定主要是由于石油财富给它的居民带来的福利和实惠，而并非政治体制本身的强大，未来文莱的政体有可能会出现为适应新的形势的变化。其次，文莱将继续发展多元化的经济，吸引外资来加快其经济结构调整，但由于客观条件的制约，实行经济多样化战略仍然将是困难。再次，文莱在国际上将继续积极发挥作用，但由于其国家所处的地位和所实行的政体，它的影响也将是有限的。

第一章　古代时期

第一节　苏丹国的建立

文莱是一个古老的国家，有几千年的历史。这可从位于马来西亚东部的尼亚比（Niab）洞窟考古发现的3500年前的人类头颅骨足以为证。

据考证，马来移民的发生早于公元年代。文莱王室及其臣民因此有很古老的历史背景。现在尚不清楚，早期移民何时在文莱安家。但从公元五六世纪时的中国史书就能看到文莱的前期历史；也就是说，文莱已有1500年的历史。中国古代称文莱为“婆利”“勃尼”“婆罗”“渤泥”，自古为酋长统治。那时文莱的国王称圣·阿杰（Sang Aji），其控制范围相当于现在的加里曼丹（原称“婆罗洲”）西北部的沙捞越、沙巴及现在的文莱本土。当时这个国家以盛产并出口樟脑、胡椒和黄金而闻名。

15世纪之前，文莱先后处于近邻强国室利佛逝国和麻喏巴歇的支配和控制之下称臣纳贡。为摆脱这种局面，文莱国王阿旺·阿拉克·贝塔塔尔（Awang Alak Betatar）开始寻求满剌加（今柔佛州）国的帮助，出访满剌加国，并于1414年与满剌加国苏丹的女儿结婚，通过联姻与马剌加国联盟。婚后，文莱国王阿旺·阿拉克·贝塔塔尔皈依伊斯兰教。作为回报，满剌加国苏丹授予他“文莱苏丹”头衔，被尊称为苏丹穆哈玛德·沙（Muhammad Shah），即一世苏丹。在满剌加国的影响下，一世苏丹积极引入伊斯兰教，将伊斯兰教作为争取独立和巩固政权的有力武器。在他的领导下，伊斯兰教逐步为统治阶级及发展程度较高的沿海居民所接受，使文莱成为一个主权独立的伊斯兰国家。与此同时，在一世苏丹期间，文莱与周围国家和地区的贸易有很大发展，其对北方的贸易曾到达缅甸，曾成为南中国海上的一个贸易中心。

关于文莱的历史，有的神话传说，一世苏丹的父亲是神仙下凡。当时曾发现在文莱湾林梦河边有一个神奇的鸟蛋，而一世苏丹的父亲就出自这个鸟蛋。他与当地穆鲁（Murut）部落一女子结婚，该女子怀孕后，妊娠反应很大，整天闹着要吃一些稀奇古怪的食品，在当时那个交通不畅，物产欠丰的年代，实在是难以办到。爱妻如命的苏丹父王心急如焚，不得不离乡背井四处觅寻。在外出期间，他又娶了13个妻子，先后生了13个儿子，加上原配夫人所生的长子，总共14个儿子。这14个儿子虽非同母所生，但很团结，一致推选长兄阿旺·阿拉克·贝塔塔尔为首领，几个兄弟一天劫持了柔佛州苏丹的女儿为其兄妻。柔佛州苏丹获悉后，焦急万分，立即派车马，并带着公主的爱鸟去接，没想到公主爱上了阿旺·阿拉克·贝塔塔尔，不想回去了。于是公主就对爱鸟说："你回去告诉我的双亲，我已与上苍的后代结为伉俪，恳请双亲恩准。"柔佛州苏丹视公主为掌上明珠，只好同意公主的意愿，并立其夫婿为穆哈玛德一世苏丹，而他的兄弟们则分别接管文莱苏丹国的其他职位。后来，一世苏丹的弟弟阿赫默德（Ahmad）继承了穆哈玛德的王位，成为二世苏丹。他的女儿与阿拉伯人沙里夫·阿里（Sharif Ali）结婚。据说，沙里夫·阿里是真主的后代，他成为三世苏丹后，在文莱广为传播伊斯兰教，率先兴建清真寺，做了不少发展工作，备受臣民爱戴，被称为"神圣的苏丹"。根据伊斯兰法，他在自己王宫建立了一整套司法体系。文莱也因此逐渐变成了一个政教合一的穆斯林国家。

由于三世苏丹的励精图治，文莱成为了该地区的重要王国，其与中国、阿拉伯地区和马来半岛国家间的贸易非常频繁，文莱也因此成为南中海地区的贸易中心。当时文莱人民几乎都过着一种安定祥和的日子，因此三世苏丹在文莱的名字后面加上了"达鲁萨兰"，文莱从此被称为"文莱达鲁萨兰国"。

第二节　鼎盛时期

大约在公元1433年，沙里夫·阿里之子苏莱曼（Sulaiman）即位。苏莱曼之子，即五世苏丹博尔基亚（Bolkiah）于15世纪末和16世纪初统治文莱，这是文莱历史上最鼎盛的时期。苏丹博尔基亚建立了一支强大的舰队，不仅把文莱疆域扩展到整个婆罗洲和大部分菲律宾地区（包括苏禄、棉兰佬，北边直至吕宋岛），而且还数次派军队远征爪哇、马六甲、吕宋等地。当时的菲律宾首府马尼拉一带的塞鲁隆国曾向文莱俯首称臣，进贡黄金。后来苏禄王的一个公主与苏丹博尔基亚结婚，该公主名叫莱拉·曼查奈（Lela Menchanai）。也许因为受能歌善舞的菲律宾民族的影响，苏丹博尔基亚走到哪里都带一个皇家管弦乐队，因此，被称为

"歌王"。由于国力强大，文莱得以在15世纪和16世纪向整个东南亚传播伊斯兰教，文莱实际上成了当时东南亚地区的一个伊斯兰教中心。与此同时，文莱在经济上也出现了空前繁荣。

五世苏丹在政治、经济和宗教方面立下了丰功伟绩，因而在文莱历史中占有极其重要的地位。文莱人民一直将他作为民族英雄而加以纪念和尊崇，在文莱首都至今还保存着他的陵墓。文莱之所以能兴盛一时，除了五世苏丹治国有方外，还有两个重要原因：一是文莱与中国贸易中获益匪浅。中国是东南亚土特产品的巨大消费国，中国货船从东南亚大量贩运香料、燕窝、鱼翅以及其他多种海产品和林产品。文莱是这些货物的主要集散地和中转港口之一，文莱经济也因此而繁荣起来。二是得益于伊斯兰教的力量。16世纪初满剌加国衰亡之后，伊斯兰教在东南亚的活动中心便由满剌加东移到文莱，阿拉伯和印尼的穆斯林商贾也随之云集文莱，这就使文莱不仅成了传播伊斯兰教的前哨基地，而且还成为阿拉伯世界与东南亚地区海上贸易的货物集散中心。

1521年7月，意大利历史学家安东尼奥（Antonio Pigafeta）随西班牙航海家麦哲伦（Ferdinand Magellan）访问文莱。在他的名著《首次周游世界》（The First Voyage around the World）一书中，第一次对文莱有详尽的描写和叙述。他对文莱的富庶和繁荣、苏丹王宫的富丽堂皇和王室贵族生活的豪华奢侈颇为惊叹。

安东尼奥在他的书中有这样的记载：1521年7月8日，麦哲伦的船只到达文莱。次日，苏丹派使者带着精美的礼品去欢迎客人，6天后，苏丹又派3条特制的马来快艇去迎接客人，在相互交换礼品后，客人登上快艇，驶向城内。入城后，客人在快艇内等了两小时。这时两只大象配备丝质骑垫缓缓而来，同时到达的还有12名侍从，手中各举一只盖着丝绸的瓷罐，准备作为存放客人赠礼之用。然后，两位客人骑上大象，12名侍从走在大象前面，一行人浩浩荡荡到达总督府。总督招待了一顿丰盛的晚餐。当晚，他们在总督府过夜，所用睡垫、床单等卧具十分讲究、舒适，都是纯棉与丝质制品。

第二天，西班牙航海家赴王宫，又带着礼品。安东尼奥不仅对王室礼仪之庄重印象深刻，而且对该国显赫的军事力量感到惊讶。从总督府到王宫一路上全是排列整齐的全副武装人员。进入王宫，安东尼奥发现在大厅还有300名步兵，腰间挂着利刃，严阵以待，保卫一国之君。尽管安东尼奥已经看到苏丹坐在另一个厅堂里，但王室的礼宾程序要求在觐见苏丹时，宾主不能同坐一室直接交谈。来宾如想对苏丹说什么，先对一个头目说，该头目报告上司，上司再对在另一个小厅待命的总督的一个兄弟说，此人用插在墙上一个孔内的管子与苏丹贴身的一个人通话，然后那个人再禀告苏丹。也就是说，宾客要通过另外4个人依次转述才能传话到苏丹那里。同时王室人员还教习西班牙来访者觐见苏丹的3项致敬礼仪：（1）双臂伸直举起，双手手心相对，在头顶部互相轻拍；（2）双脚轮流抬起，与腹部成直角，目光向前，缓缓行进；（3）在快到苏丹面前时，弯腰低头，双手握苏丹伸出的手，并轻吻其手背。这些程序完成后，西班牙代表团一行才能觐见苏丹。礼仪之繁琐显示出文莱苏丹高高在上的地位。觐见时，客人告诉苏丹，他们是西班牙国王派来的，西班牙国王希望与苏丹和睦相处，并与文莱进行商业交往。苏丹回答，他愿对西班牙国王的深情厚谊给予回报，并准许西班牙国王在该地区自由开展贸易。相互交换礼品后，觐见结束。西班牙客人接受的礼品中有丝绸和文莱金线织布。代表团一行然后回到总督府，那里为他们举行了盛大的宴会，大队侍从手捧木制托盘，内放盛有各类菜肴的瓷盘，从王宫走向总督府。安东尼奥当时数了一下，大概有32种鱼、肉、家禽与当地美味佳肴。

安东尼奥在他的书中对文莱这个城镇也进行了一番描述。他写道，除了苏丹的王宫和一些首领的房舍，整个城镇建在水上。“除王公贵族的宫殿外，整个城市都是一座水城，所有房屋都架空在高桩之上，用木料建成。水位高涨时，人们便驾驶船只巡游于居民之间，销售生活必需品。整个城市住有25万多户人家”。因此，把文莱称为“水上人家”是符合事实和有史可查的。这个时期，王室一套壮观的礼仪反映了文莱纺织和制银的古老传统，这些传统至今在文莱“水村”有的地区还保存着。

第三节 多元化社会

据英国记者、名人传记作家阿龙·查尔方特（Alun Chalfont）所著《上帝御旨》（*By God's Will*）一书记载，在西方殖民者入侵之前，文莱古时受四个地区势力的影响，即中国、印度、印尼和马六甲地区多重影响，但马六甲地区对文莱影响更大。正因为如此，自古以来，文莱社会是一个多元化的群体。

因不同地区受不同外来因素不同程度的影响，文莱不同地区的社会发育程度也不一致。如在内陆地区，宗法制的社会结构占据统治地位；而在各大河口地区，社会已进化到封建阶段，苏丹手下的贵族及官僚充当封建领主，占有土地及依附于土地的隶农。

在土地制度方面，文莱古代的土地制度是按占有权分为3种：私人地产、王室地产、贵族官僚封地。私人地产是通过继承或购买而获得的，主人可以转让给他人，但要经苏丹同意，要在地契上盖上苏丹的御玺，转让才算合法。王室地产和贵族官僚封地则较难转让，须经苏丹和枢密院双方批准。

在政治制度方面，由于独立前很长一段时间，文莱处于受印度文化影响很深的满者伯夷统治之下，因此其社会政治制度也深受印度文化的影响。君主的加冕仪式、宫廷礼仪和官府名称都带有强烈的印度化色彩。苏丹王国建立和伊斯兰教传人后，其政治制度便又受到伊斯兰文化的影响。因此文莱苏丹对社会的治理理念和方式糅合了印度教文化和伊斯兰教文化。

在苏丹王位的继承问题上，后任苏丹是从前任苏丹手中继承王位，继任者并不一定是最年长者，他既可以是年长的哥哥，也可以是年幼的弟弟或者男性亲戚。这导致了很多人都认为自己有权去决定谁是苏丹继承人，这也成为文莱内乱的根源。苏丹的遴选专门由一个以贵族和官员构成的遴选委员会负责，被遴选并获得加冕和任命仪式的苏丹就拥有了绝对的权威。

在古代文莱的社会等级的官僚体制中，高踞于社会顶层的是苏丹君主，其下是王公贵族，再其下是各级官史，普通百姓尽管已居于社会的下层，但仍可进一步细分为不同的等级。官员按照出身和职权分为4级，即大臣、武士贵族、地方官吏、村社首领。前两级官员出身贵族，后两级官员出身平民。四级官员中，除了村社首领是由村民推举外，其余都是经过苏丹批准，由朝廷委任的。大臣共有4个：首席大臣代表苏丹行使职权，处理日常政务，并负责国土防卫；财务大臣负责管理国库及宫廷事务；海务大臣统领海军，还兼管战争事务，行使司法职权；第四位大臣是内务大臣。武士贵族在国家决策中起重要作用。地方官吏负责办理京城及地方的具体行政及商业事务。

就当时文莱的经济结构而言，是以海外贸易为主；农业处于辅助地位，很不发达。文莱的海外贸易对象是中国、印尼群岛诸国、马来半岛诸国、印度及阿拉伯国家。主要出口金、樟脑、胡椒，主要进口蜡、蜂蜜、稻米等。当时文莱的各个主要城市既是商业中心，也是手工业中心。手工业有纺织、金属加工、陶瓷制作、兵器制造等，其产品保留有中国、印尼群岛、印度文明影响的痕迹。

第二章　西方列强入侵时期

随着西欧封建制度的解体和资本主义关系的萌芽，商品经济的迅速发展刺激了城市商人和贵族对物质财富的贪欲与追求。富庶的东方世界成了他们追求财富的理想之地。从15世纪起，西欧国家开始找寻通往东方的航线。在葡萄牙王室的支持下，塞罗缪·迪亚士、瓦斯科·达·伽马、阿丰梭·德·亚伯奎先后到达了东方，开拓了欧洲至印度洋地区的海上航线，为葡萄牙殖民东方国家奠定了基础。在印度洋地区建立起据点后，葡萄牙开始把目光转向了东南亚。接着，西班牙、荷兰、英国都先后到达了东南亚地区，在该地区进行了长达数百年的殖民统治。文莱也不例外，先后遭到葡萄牙、西班牙、英国的殖民入侵，最终沦为英国的殖民地。

第一节　与西方列强的首次较量

随着15世纪国力日益强盛，文莱在本地区成为颇具主导地位的伊斯兰国家和伊斯兰教宣传中心，加上相当的军事力量和在通往“香料群岛”（Moluccas，也称“马鲁古群岛”）贸易通道中的战略地位，使文莱在贸易往来中不可避免地要和欧洲入侵者打交道。

1509年，被称为葡萄牙建立东方殖民帝国的“功臣”阿丰梭·德·亚伯奎接任葡萄牙驻印度总督，他把马来半岛的马六甲作为下一个夺取的目标。1509年9月，葡萄牙船队从里斯本出发到达马六甲，要求与马六甲通商。马六甲苏丹同意了葡萄牙的要求，但是泰米尔族人担心自己的商业利益遭到损害，因而贿赂王国首席大臣臣敦·穆塔希尔，要求逮捕葡萄牙人。穆塔希尔派出的马来人和葡萄牙人发生了冲突，大约30名葡萄牙人被杀死或俘虏。该事件彻底激怒了葡萄牙王室，1511年4月，葡萄牙驻印度总督亲自从印度果阿出发，军事攻击马六甲，马六甲最终还是落到了葡萄牙手中。随后，葡萄牙不满足于只占领马六甲，不断入侵文莱。

除了遭到葡萄牙的入侵，文莱紧接着还遭遇了西班牙的侵犯。16世纪后期，当时的西班牙不仅已经在菲律宾吕宋岛附近站稳了脚跟，把马尼拉作为都城，还取得了同马鲁古、中国进行贸易的垄断权。当时的文莱是依靠贸易生存的，西班牙对贸易的垄断侵害了文莱的利益，因此文莱认为西班牙是自己传统势力范围的入侵者和挑战者；而西班牙也认为文莱是西班牙在该地区扩张的障碍。文莱在行动上与西班牙进行了对抗。一方面，文莱在吕宋、宿务等地鼓动并组织起义，反对西班牙的控制；另一方面加强了在这些地区伊斯兰教的传播。此外，1572年，文莱组织大型舰队讨伐马尼拉的西班牙军队，被暴风雨阻碍。西班牙也派出船只侦探婆罗洲海岸，抓捕俘虏，打探文莱消息。1573年，文莱苏丹的两个儿子带领一支舰队准备征讨西班牙，但遭到了两个文莱贵族的反对，因为他们认为与西班牙保持友好对文莱有利。1574年7月，西班牙也派出一个使臣到文莱，建议与文莱苏丹保持友好，并提出要文莱作为西班牙国王的封臣并与文莱开展贸易。作为回应，文莱组织了一个多达8000人的舰队，由苏丹的一个儿子指挥。但是可能是惧怕西班牙军队乘虚攻击文莱或者是因为军队瘟疫[①]，文莱王子没有到达马尼拉便返回了文莱。同年12月，以陈组义为首的华人海盗以62艘大型舰船和3000名海盗袭击了马尼拉，假如当时文莱舰队没有返回而是也碰巧袭击马尼拉的话，西班牙将遭受重创，但历史不可假设，文莱丧失了击败西班牙的绝佳机会。

由于面临危机，西班牙临时更换了驻马尼拉的官员，弗兰西斯·德·桑德成为了西班牙驻文莱的新总督和军事指挥官。弗兰西斯·德·桑德到马尼拉任职的最主要目的就是要处理文莱问题。他对文莱问题做了两手准备：尽可能和平解决，如有必要则武力解决。弗兰西斯·德·桑德把文莱看作西班牙在该地区利益的威胁，提出要求文莱作为西班牙的附属国，但其要求遭到了文莱苏丹的拒绝。经过4年的准备，1578年4月13日，弗兰西斯·德·桑德率领一支由400名西班牙人、1500名菲律宾人和300名婆罗洲人组成的舰队到达文莱海岸。他要求文莱苏丹允许西班牙传教士在文莱传播基督教；允许国民自由地转变宗教信仰；停止在菲律宾和婆罗洲传播伊斯兰教；要求文莱停止对西班牙的一切敌对行动，并向西班牙称臣纳贡。

文莱苏丹对弗兰西斯·德·桑德提出的要求表示蔑视并准备抵抗。苏丹继承

① Graham saunders, A History of Brunei, Routledge Curzon, 2002, pp53-54.

人更是把西班牙的要求看作文莱的耻辱，他不仅处决了弗兰西斯·德·桑德的信使，还把其余的人包括为西班牙人驾船的6个菲律宾人都投进了监狱。西班牙军队一直在海上等待消息，但直到4月14日下午，西班牙军队还没有见到使者，因此断定文莱肯定不同意自己的要求。西班牙便出动军队武力攻占了文莱京城。西班牙很快取得胜利的原因除了其武器先进外，主要还得到了文莱贵族的帮助。当时，文莱的两个贵族莱拉（Pengiran Seri Lela）和闰塔（Pengiran Seri Ratna）向西班牙殖民者投降。莱拉跑到马尼拉希望西班牙出面帮助他夺回被哥哥抢走的苏丹王位，然后文莱就作为西班牙的属国向西班牙纳贡。西班牙答应莱拉，只要他帮助西班牙征服文莱，就让他成为文莱苏丹。在两位叛变贵族的帮助下，1578年4月16日，西班牙成功占领了文莱都城并缴获了大量的武器装备和物资。4月20日，弗兰西斯·德·桑德举行了占领文莱的庆祝活动，组织军队在苏丹王宫前游行。之后，他命令士兵修建港口，新修建筑，以便西班牙在文莱进行长久的统治。

西班牙军队破城后，文莱苏丹逃到了内城，继续组织力量对西班牙的入侵，给予了有力的抵抗。随后西班牙士兵染病，因此弗兰西斯·德·桑德不得不于1578年5月26日在烧毁当地的清真寺和主要建筑后撤回马尼拉，但莱拉留下当了傀儡苏丹。同年七八月间，文莱苏丹逝世；10月新即位的苏丹派出一支军队寻找新的适居地，修建都城，然而巧合的是莱拉也于八九月间逝世，因此新苏丹顺利返回被西班牙军队占领的都城。回到都城后，他带领军民新修防御工事和清真寺，并派人到暹罗购买炮舰。

为了给伊斯兰教以重创，1579年1月，弗兰西斯·德·桑德派人到棉兰老岛烧毁当地的清真寺。西班牙对伊斯兰教的敌对行动也引起了文莱对基督教的敌对，当西班牙人在文莱进行捐赠的时候遭到文莱的驱赶。

1580年，弗兰西斯·德·桑德结束了在菲律宾的任期，他的激进政策不仅没能降服文莱扩大影响力，反而遭到了他的继任者的批评。1586年，马尼拉委员会对弗兰西斯·德·桑德1578年对文莱的军事行动进行了谴责，认为此举是对文莱的无端侵略，也是不公平的。委员会还要求归还从文莱缴获的炮舰或者给予相应的赔偿。尽管委员会的要求几乎都没有兑现，但其体现了西班牙计划与文莱构建和平关系。然而，西班牙还是希望文莱停止在菲律宾南部的传教活动，并要求文莱作为西班牙的附属国。作为回应，马尼拉的文莱贵族在文莱、苏禄和日本的默许支持下计划推翻西班牙在马尼拉的统治，但西班牙识破了文莱贵族的计划，处决了其中的7位“领导者”。随后，尽管文莱继续在菲律宾南部传播伊斯兰教，但文莱与西班牙的关系趋于缓和。

1587年，文莱发生了一起西班牙基督教传教士被杀的事件。当时，和一些西班牙人乘坐葡萄牙船只到文莱传教的两位传教士错过了回马尼拉的大型帆船，而当时又处于季风期，小型船只都停留在文莱穆阿拉港口。两位传教士在附近修建了一个临时教堂，教堂吸引了当地平民。两位传教士就在当地传播基督教，但他们的说教激怒了当地的穆斯林，他们对传教士的说道行为进行阻挠。因为当时文莱和西班牙的关系处于和平友好状态，因此传教士要求苏丹同意他在当地自由传播基督教。但在面见苏丹时，西班牙传教士不断宣扬基督教的优点，诋毁伊斯兰教先知穆罕默德。传教士的举动激怒了苏丹，但苏丹喜怒不形于色，掩盖了自己的不满。接下来，文莱士兵搜查基督教堂，杀害了其中一个传教士和一些西班牙人。西班牙对此事也没有深究。

1588年，文莱苏丹给西班牙在马尼拉的殖民长官写信表达了文莱愿意与之建立友好关系的愿望。此后，文莱与马尼拉的关系尽管处于冷漠状态，但双方几乎没有制造公然敌对的事件。直到1685年，在相互承认主权的基础上，文莱和马尼拉的关系才趋于完全正常化。

在与西班牙斗争过程中，文莱迎来了短暂的复兴。在击退西班牙的进攻不久后，九世苏丹穆罕默德·哈桑即位，他是一位强有力的统治者，不仅巩固了自己在国内的地位，还于1614年收回了被西班牙军队于1578年夺走的苏禄。1617年，穆罕默德·哈桑还派兵进攻桑陶的西班牙前哨阵地，使西班牙守卫部队全军覆没。穆罕默德·哈桑对文莱的统治使文莱国力出现了短暂的复兴，标志着文莱国力发展的最后一个高潮。

第二节 国力日渐衰落

虽然文莱在与西班牙人的斗争中未受到什么大的伤害，但西班牙人占领吕宋和征伐苏禄等行动，终归使文莱的势力范围缩小，贸易优势受到削弱。尽管九世苏丹重新恢复了文莱对苏禄的控制，一度扭转了局势，但西班牙人又于16世纪30年代夺取了苏禄。16世纪40年代西班牙人从苏禄撤走后，苏禄苏丹国逐渐发展壮大起来，成了与文莱在婆罗洲一带竞争的有力对手。随着双方实力的消长，苏禄甚至介入文莱国内贵族间争权夺利的内战。

十世苏丹死后，其两个儿子为争夺苏丹王位展开了内斗，十一世苏丹和十二世苏丹之间的权力争夺战开启了文莱内乱的潘多拉魔盒。随后，文莱内乱不止。远在苏禄的文莱贵族邦素（RaiaBongsu）——十世苏丹的弟弟卷入了这场权力争夺战，他倾向于支持十世苏丹的长子本萨（Raja Besar Abdul）。邦素是九世苏丹收回对苏禄的控制之后被派往苏禄的文莱贵族。当十世苏丹的次子腾嘎（Raja Tebgah）杀死了即位不久的十一世苏丹即位后，腾嘎不顾邦素被西班牙军队围困，还一度威胁要对邦素进行军事攻击。1642年，腾嘎去世，十二世苏丹穆罕默德·阿里即位，邦素才敢回到文莱寻求帮助应对西班牙军队的攻击。

1662年，穆罕默德·阿里杀死了首席大臣阿普杜尔·穆宾（Abdul Mubin）的儿子，穆宾闯进王宫复仇杀死了十二世苏丹穆罕默德·阿里（Muhammad Ali），自立为苏丹。为了安抚已故苏丹家族，穆宾指派阿里的一个侄子穆海丁（Muhyiddin）为首席大臣，他一直在等待机会复仇夺回苏丹王位，他的支持者一再催促他尽快行动。因为害怕穆海丁复仇，穆宾逃到了文莱河口的雷明克岛，穆海丁就在旧都自立为苏丹。穆宾在雷明克岛争取到了该岛王公贵族的支持，发起了与穆海丁苏丹之间的内战。这场内战持续了12年，穆海丁在苏禄王国的支持下打败了穆宾。内战结束后，文莱把文莱湾北部地区割让给了苏禄王国作为报答，这为日后文莱与苏禄之间的领土争端埋下了祸根，也标志着文莱分裂的开始。

除了西班牙和苏禄外，造成文莱衰落的还有其他一些因素。17世纪初荷兰人初次出现在婆罗洲时，婆罗洲南部的坤甸、马辰、三发等地都已形成若干个独立的苏丹国。17世纪荷兰东印度公司在婆罗洲的西南部建立霸权，19世纪取得了对这一地区的实际控制。这样，在文莱沦为英国保护国前夕，其一度辽阔的疆域已缩减到现今的文莱本土、马来西亚的沙捞越和沙巴的范围了。

文莱不仅领土受到西方列强和邻近国家的蚕食，其商业贸易也遇到竞争。西班牙人立足吕宋岛等地以及苏禄国的崛起，大大限制了文莱在这些地方的贸易。荷兰对东南亚地区主要苏丹国家实行贸易垄断政策，并对东南亚地区与外部世界的海上贸易实行管制，也严重影响了文莱赖以繁荣和强盛的贸易。尽管文莱自身未被直接纳入垄断贸易制度的桎梏之中，但它的市场间接地受到了冲击。与此同时，文莱还面临英国人的竞争。英国人为了获取东南亚地区的特产以便同中国进行利润丰厚的贸易，于1773年在巴朗奔冈岛建立了据点，想把中国商人从苏禄和文莱吸引过去。到17世纪70年代时，文莱的贸易市场几乎完全遭到排挤，文莱经济也就随之衰落了。

不仅如此，文莱封建朝廷再度出现的争权夺利进一步加剧了文莱所处的危机。1806—1852年，王公贵族内部两派势力的争斗一直困扰着文莱。1806年，文莱苏丹穆哈默德·塔贾丁去世，但其嫡孙奥马尔·阿里·赛里夫汀的外祖父穆哈默德·罕·祖尔·阿拉姆自封为苏丹，由此引发了争夺王位的斗争。穆哈默德·罕·祖尔·阿拉姆一直当政到1822年去世为止。

他死后，他的儿子罗阁·阿佩与其两个姐姐针对王位继承展开了新一轮争夺。1824年，罗阁·阿佩在争斗中败亡，此时的奥马尔·阿里·赛里夫汀已长大成人并名正言顺地登上了苏丹宝座，但罗阁·阿佩一派的实力并未对奥马尔·阿里·赛里夫汀表示臣服，两派之间的内斗并没有消除，实力较弱的罗阁·阿佩一派投靠了英国殖民者。奥马尔·阿里·赛里夫汀于1846年进行了清洗式的大屠杀，罗阁·阿佩的家族几乎被杀尽。1852年，苏丹奥马尔·阿里·赛里夫汀去世后，文莱没有再发生大规模的内乱，但王公贵族间争权夺利的事情一直不断，内乱加速了文莱的衰败，最终沦为英国的殖民地。

第三节　英国插足文莱

17世纪，英国资产阶级不断壮大并于1640年掀起了资产阶级革命。随后，英国也不断向外扩张，寻求原料产地和商品市场。

英国殖民者早就想在婆罗洲一带为其与中国的远洋贸易找寻一个中途站。18世纪中期，英国东印度公司派人到这一带活动，1762年他们与苏禄苏丹订立协定，通过割让得到巴朗奔冈岛。但英国人在该岛建立的据点不久即被苏禄海盗彻底摧毁，英国殖民者便把目光转向了文莱。英国东印度公司先是在1774年派约翰·杰西去文莱谈判胡椒生意，取得了胡椒专卖权；接着又于1775年以提供文莱保护为交换条件，使文莱同意割让纳闽岛给英国东印度公司，英国人后来因故又放弃了该岛。

尽管放弃了纳闽岛，但英国并没有完全放弃在该地区的贸易中分一杯羹。

1803年，英国再次派人到巴朗奔冈岛修建据点，并和苏禄、文莱恢复关系。1805年，文莱主动向英国示好，愿意继续让英国在纳闽岛修建据点。但由于当时的欧洲全部陷入了拿破仑战争，英国无暇东顾，不得不放弃了巴朗奔冈岛，同时也拒绝了文莱的好意。

1824年，罗阁·阿佩在内斗中被杀后，其哥哥（当时担任文莱首席大臣）穆达·哈西姆（Muda Hassim）也受到牵连并被派驻沙捞越担任省都。由于穆达·哈西姆是亲英派，因此他一直主张与英国交好对付苏禄。哈西姆是一个贪婪的人，他残酷地剥削沙捞越当地民众，他强迫达雅克人在他开办的锑矿中做苦力，但只支付微薄的报酬，他还垄断了当地锑的生产以及和达雅克人之间的贸易。他的统治使沙捞越的社会经济生活严重倒退，最终引起了达雅克人的不满，他们揭竿而起，反对哈西姆的统治。

达雅克人起义为英国插足文莱本土提供了机会。文莱朝廷派官兵到沙捞越镇压起义，但未能成功。1839年，英国冒险家詹姆士·布鲁克到达沙捞越向哈西姆传达了英国驻新加坡总督的问候，表达了善意，并对哈西姆曾经对在婆罗洲海岸失事的英国船只提供的人道主义援助表示感谢。他也得到了哈西姆的热情款待。

詹姆士·布鲁克从此就扮演了使文莱一步步沦为英国保护地的推动者的关键角色。他1803年出生在印度贝那勒斯一个英国东印度公司职员的家庭，曾作为英国殖民地军队的一员参加英缅战争，是一个野心勃勃的殖民者。在动身来文莱之前，他就公开赞扬英国殖民者莱佛士在东南亚地区实行的政策，并主张英国应从葡萄牙和西班牙手中把帝汶岛和吕宋岛夺过来。他是继莱佛士之后为确立英国在东南亚地区的地位而发挥重要作用的核心人物。1839年布鲁克初抵文莱的沙捞越时，正值那里的起义方兴未艾。束手无策的文莱官员向他求援，并许诺一旦镇压成功，就让他担任文莱朝廷驻沙捞越的省督。布鲁克在为文莱官员出谋划策和保证要出力相助之后便前往苏拉威西。

第二年，詹姆士·布鲁克重返沙捞越。在他的帮助下，那里的起义被平息下去。1841年9月，文莱朝廷履行诺言，让詹姆士·布鲁克当上了沙捞越省督。次年文莱苏丹颁布敕令，正式确认了对布鲁克的任命，并封他为沙捞越的罗阇（王公），但同时也规定了一些条件，如要他每年向文莱苏丹纳贡2500文元；遵守当地居民的习俗和伊斯兰教规，不得加以干涉；未经苏丹同意，不得把沙捞越转让出等。

文莱统治者之所以让布鲁克来治理沙捞越，是因为他们自己再也无力维持在那里的统治了。他们看到，不仅沙捞越当地民众对朝廷持敌视态度，而且还有荷兰等一些外国势力在公开支持欲把沙捞越从文莱分离出去的活动。文莱统治者以为拉拢了布鲁克之后，凭借其装备精良的军队的力量，就可以防止文莱的分裂，就可以保住甚至加强文莱朝廷的统治。文莱统治者的本意是，让布鲁克充当苏丹手下的一名官员而不是一个独行其是的统治者，即让他为苏丹效力，同时又把他限制在传统官僚体制的框架之内。但后来的事态发展证明，文莱统治者的如意算盘完全打错了。布鲁克上任后着手巩固自己的地位，他一方面寻求英国政府承认他经营的这个小王国，另一方面力图排除文莱朝廷对沙捞越的统治权。

1843年，布鲁克以沙捞越遭到沿海海盗袭扰为借口，召来了英国军舰“迪多号”，剿灭了一个名叫萨里巴斯的海上达雅克人部族。接着，他又搭乘另一艘英国舰只“萨马兰号”来到文莱京城，逼迫文莱政府与他达成一项初步协议。其中，文莱方面许诺开放其贸易，不与除英国之外的其他大国结盟，还保证要镇压海盗活动。更重要的是，苏丹在协议中被迫同意布鲁克有权把沙捞越省督的职位传给他的继承人，这个继承人又可以再遗赠给其后代。这样，布鲁克乃至英国便获得了对沙捞越的永久统治权。

布鲁克并没有满足于以上这些让步，根据他的旨意，英国的“萨马兰号”舰于1844年把文莱苏丹的叔父穆达·哈希姆由沙捞越护送回文莱首都。穆达·哈希姆原来曾任文莱朝廷的首席大臣，因其兄弟罗阇·阿佩在争夺苏丹王位的斗争中败北并被处死，他也受到牵连而遭贬，被派到沙捞越担任省督，是詹姆士·布鲁克的前任。英国人来后，他与英国人勾得很紧，是英国人在文莱的理想代理人。因此，英国人把他护送回文莱京城，用枪炮逼迫苏丹让他官复原职，重新当上了首席大臣，实际上控制了文莱的朝政。

英国人对文莱内政的干涉引起了许多文莱贵族的不满，他们推举苏丹的亲家乌萨普为首领，形成了一个反英集团。他们与占据着马鲁杜湾一带的一股海盗联合起来，准备用武力赶走穆达·哈希姆及其英国支持者。但英国人先下手为强，于1845年动用英国远东舰队的力量剿灭了马鲁杜湾的海盗，并处死了反英集团的首领乌萨普。英国人的这一行动激起了几乎所有文莱贵族的愤慨，他们在苏丹的儿子哈什姆的带领下，诛杀了穆达·哈希姆及其家族成员，只有他的儿子和两个兄弟得以逃脱。

穆达·哈希姆被杀使英国人失去了其在文莱朝廷的代理人。布鲁克认为这对英国和他本人来说都是奇耻大辱，便要求英国海军上将科克伦理再次动用其远东舰队对文莱采取报复行动。英军轻而易举地拿下了文莱京城。文莱苏丹及其朝廷官员都逃入丛林地带。后来经过谈判，苏丹又返回文莱京城，但要求苏丹不仅要到哈西姆及家人坟墓前忏悔，还要给英国维多利亚女王写信确认布鲁克拥有对沙捞越的主权，不用向文莱纳贡，还拥有对其统治范围内的矿产开采权。由此可见，苏丹虽重新掌政，但其地位已被大大削弱。

在英国人的威逼下，文莱被迫于1846年12月18日与英国签订了一项条约，把文莱的纳闽岛割让给英国。该岛煤矿丰富，而当时轮船的耗煤量很大，单靠船上装的煤不能远航，所以纳闽岛可以用作航船的加煤站，这对英国海军的战略利益和经济利益来说，都具有重要意义。条约签订6天后，英国人即占据了该岛。布鲁克由于索取纳闽岛有功而受到了英国官方的嘉奖，英国外交大臣任命他为驻文莱及婆罗洲其他已独立国的总领事，英国政府则委任他为纳闽岛的总督，英国女王还奖给他一枚英国最高勋章——巴斯勋章。

第四节　领土进一步被蚕食

1847年，布鲁克按照英国政府的旨意，迫使文莱苏丹签订了一项不平等的《英国—文莱友好通商条约》。条约规定：开放文莱各港口，以便于英国船只自由出入；对进入文莱领土的英国货物定出固定的关税税率，每吨征收一元文莱币；英国公民在文莱享有治外法权，其所犯的刑事案件一概交由英国驻文莱总领事审理；未经英国政府同意，苏丹不得将其领土转让他国或他人；除英国人外，不允许任何人移居北加里曼丹；双方协同防范和镇压海盗。条约还规定双方公民在对方国家均享有最惠待遇，但实际上当时能到英国去的文莱人寥寥无几，倒是英国人可以频繁来到文莱，所以享受这一优待的只有英国人。

《英国文莱友好通商条约》的签订标志着文莱已由一个独立自主的主权国家变为受英国支配的半殖民地。尽管条约未明文规定文莱的政治统治权归英国掌握，但有关共同抗击海盗和不得割让领土的条款，使英国有权在镇压海盗的借口下镇压文莱国内的反英势力，干涉文莱的内政和外交，所以英国实际上已把文莱划归英国的势力范围。后来到了19世纪末期，当英国感到它在东南亚的利益受到其他西方列强的威胁时，它便以1847年订立的这个条约为依据，把文莱变为英国的“保护地”。

1847年条约签订之后，布鲁克及其侄子查理士·布鲁克便在英国政府的默许和纵容下，肆无忌惮地扩张其沙捞越领地，先后吞并了当时尚属于文莱领土的一大半，其中包括穆卡、民都鲁、巴兰、林梦等地，把这些地区都纳入了沙捞越的版图。布鲁克所采用的手段是多种多样的，如利用和支持地方争端，破坏文莱的主权，拒交割让费，用金钱利诱，实行炮舰外交，直至公开侵略。面对布鲁克的扩张野心，苏丹曾想通过外交途径来保住文莱领土，他呼吁英国政府制止布鲁克的侵略行动。但英国政府根本不予理睬。

在无可奈何的情况下，文莱转而求助于美国。美国一直想同东南亚国家建立贸易关系，早在1845年，它就提出要同文莱缔结一项保护性条约，但在当时被文莱拒绝。后于1850年同美国订立了一项贸易协定，但未得到执行。1865年，美国派C·L·摩西担任驻文莱总领事。摩西到达文莱后得到了苏丹穆名的热情接待。穆名想得到美国的支持继而制约布鲁克在沙捞越的扩张，因此把文莱北部的沙巴租借给摩西。摩西还想得到穆阿拉地区的矿产开采权，但苏丹穆名表示反对，而只同意为摩西修建领事馆。因急于赶到香港，摩西于1865年11月就把沙巴转租给了美国商人约瑟夫·W·托里，其先前在婆罗洲创立了美国贸易公司。文莱苏丹向托里承诺，“他是沙巴的最高统治者和管理者”，托里逝世后，“其继任者拥有沙巴的继承权”。但是，托里经营不善，其贸易公司濒临倒闭，他也没有给摩西支付转让金，因此文莱仍然没有从托里手中得到任何租金。摩西转而回到文莱，试图说服文莱政府收回对托里的授权并寻找新的支持者开办新的公司。但文莱自始至终没有收到任何租金，认为一开始就被摩西欺骗，所以拒绝了摩西的要求。对于文莱的拒绝，摩西感到绝望，自己烧毁了领事馆，并借口说自己遭到马来人的攻击逃到了英国领事馆，继而向文莱索赔。文莱向美国派来调查该事件的官员抱怨摩西，并写信给约翰逊总统，恳求美国重新派一个驻文莱领事。摩西的继任者到达文莱后修复了与文莱的关系，摩西也被停职并在1867年回美国途中溺水身亡。然而，尽管英国予以警告，美国还是于1868年3月以美国在文莱没有利益为由撤销了驻文莱领事馆。

对于沙巴问题，托里把沙巴转卖给了奥地利驻香港总领事巴伦·冯。奥弗贝克和一个名叫艾尔弗雷德·登特的英国商人。1875年1月，奥弗贝克购买了托里对沙巴的租借权；同年6月，他到达文莱确认自己购买的合法性。为了延长对沙巴的租让期限，奥弗贝克于1877年12月再次到文莱与苏丹谈判，最终达成了协议。文莱方面把沙巴以每年1.5万美元的租金租给了奥弗贝克和登特。在18世纪初，文莱就把沙巴割让给了苏禄王国回报苏禄苏丹帮助文莱平息内乱，但后来的历代文莱苏丹都不承认苏禄对沙巴的主权。得知文莱和苏禄对沙巴存在争端后，奥弗贝克请求奥地利政府出面支持他的租借权，但奥地利政府对此表示拒绝。由于缺乏后盾，没有安全感，奥弗贝克于1879年卖掉了自己的股份，让英国人登特独自经营沙巴。

1881年8月，继英国保守党执政的自由党政府授予由登特组织的“英国北婆罗洲公司”一份特许证书，并于同年11月公布。具有讽刺意味的是，英国自由党人曾一向批评保守党人的殖民政策，本来预料登特是不会得到英国政府授予的特许权的。但当西方列强瓜分世界的斗争加剧时，正是自由党人政府以公文形式肯定了北加里曼丹的殖民地化。当登特知道问题将得到如愿以偿的解决时，未等正式文件下达，就组织了一个有80人参加的“英国北婆罗洲公司筹备处”，把北加里曼丹的所有权出卖给它。特许授权新建立的“英国北婆罗洲公司”理所当然地获得了“英国北婆罗洲公司筹备处”的全部权利。英国政府的特许证还强调：未经英国政府同意，“英国北婆罗洲公司”不得转让其任何权益；公司准备废除奴隶制，不干涉当地人的宗教信仰和习俗；当公司与当地居民或第三国发生争执，公司要与英国政府磋商；公司对北婆罗洲任命的总代表要经过英国政府同意；公司还应该保证为英国皇家舰队在当地建立海军基地提供便利。从上述规定来看，英国是想把“英国北婆罗洲公司”牢牢控制在政府手中，不愿登特成为独立于政府控制之外的一支力量。

值得一提的是当时的北婆罗洲已经成为列强的角斗场。1881年7月，西班牙完全控制了苏禄国。1885年，为了协调与英国在该地区的利益冲突，西班牙和英国政府达成协议，西班牙承认英国在北婆罗洲的统治权，英国承认西班牙对苏禄的兼并。对于“英国北婆罗洲公司”的成立，荷兰表示了反对，但反对遭到了英国的否决。经过多年的谈判，英国和荷兰终于在1912年签署协议划分了两国在该地区的利益界线。

尽管与其他列强的利益纠纷得到了解决，但英国政府对“英国北婆罗洲公司”的支持和承认也开启了“英国北婆罗洲公司与杳理士·布鲁克为首的沙捞越王朝之间对文莱剩余领土争夺的序幕。尽管他们都是英国人，但他们争夺地盘的激烈程度不亚于西方国家间对殖民地的争夺。其激烈程度从双方对巴兰的争夺可见一斑。1868年后，查理士·布鲁克试图把自己的控制范围扩展到巴兰地区。当时的巴兰上层人士已经对苏丹的统治表示不满，苏丹还于1870年派兵镇压巴兰人的反抗，但被巴兰人击退。1872年，查理士·布鲁克到达巴兰地区受到了当地人的欢迎，此后，查理士·布鲁克鼓励沙捞越的商人到巴兰地区经商。但一部分到达巴兰地区的沙捞越人先后被杀害，激怒了查理士·布鲁克。1874年，查理士·布鲁克再次要求文莱割让巴兰，文莱苏丹穆名别无选择只得同意布鲁克的要求。然而英国政府不同意查理士·布鲁克兼并巴兰，因为当时纳闽岛的统治者认为英国应该避免文莱剩余领土的丧失才符合英国的国家利益，因此英国外交部不同意查理士·布鲁克把自己的统治范围扩展到巴兰地区。1876年，查理士·布鲁克再次向英国政府要求把自己的统治范围扩展到巴兰，但仍然遭到了英国政府的拒绝。英国外交和殖民局后来也陷入了两难境地。一方面查理士·布鲁克和登特应该处于平等地位，但英国支持了登特的公司，就没有理由反对查理士·布鲁克想兼并巴兰的要求。但是查理士·布鲁克又明显与登特不同，其身份到底是英国人？还是一个沙捞越独立王国的统治者？抑或文莱苏丹封臣？因此，尽管文莱苏丹不愿意，但在没有英国政府的支持下，1882年，文莱苏丹还是被迫把巴兰租借给了查理士·布鲁克。此后，除了布鲁克与“英国北婆罗洲公司”在文莱继续着领土争夺，文莱内部也竞相对外租卖土地，这也给英国殖民者提供了机会。

1884年，“英国北婆罗洲公司”获得了巴打斯地区的租用权，但遭到文莱海务大臣的反对，因他没有从租让巴打斯中获得任何利益。同年，他把楚桑和林梦两地割让给沙捞越，但也未得到苏丹的批准。1885年2月，文莱苏丹穆名逝世前不久警告其继任者，文莱很可能被英国完全占领，他还要求继任者发誓不再向英国等殖民者租让更多的领土。

文莱在遭到英国人肢解的同时，内部也出现了新的动荡。1884年8月，林梦人民因不堪重负而举行起义，两名征税官被杀死，他们还袭击了都城的郊区。前去平息叛乱的海务大臣也被袭击，5名士兵牺牲。1885年，穆名的继任者哈什姆试图借助查理士·布鲁克的力量平息叛乱，但遭到拒绝。他还试图遵守对穆名的承诺，拒绝向英国割让巴打斯、楚桑和林梦地区。然而，当时的文莱已经无力抵抗强大的英国，在查理士·布鲁克、“英国北婆罗洲公司”及英国驻纳闽岛总领事利斯等的多重压力下，哈什姆苏丹不得不于1885年和1887年分别批准了对桑楚和巴打斯的割让。但他不同意割让林梦地区，因为他认为林梦是文莱真正的

“内地”，林梦的丢失将是文莱的耻辱，而且他对英国的租金也不满意。

第五节 沦为英国“保护国”

1885年，利斯总领事向英国外交部建议，要彻底肢解文莱，只给文莱保留京城及穆阿拉两地。苏丹得此信息后，立即致函英国维多利亚女王，要求她出面干预，阻止对文莱领土的进一步肢解。收到信后，英国政府派弗雷德里克·韦尔德到文莱解决其前途问题。韦尔德向苏丹建议，由英国对文莱提供保护，并派一名驻扎官，帮助苏丹管理林梦地区。文莱苏丹同意接受英国保护，但不同意派驻扎官的做法。英国政府也乐意提供保护，出于财政考虑，它也不愿派驻扎官。1888年9月17日，文莱同英国签订了《保护协定》，规定文莱接受英国的保护，文莱苏丹继续行使其国内统治权，其对外关系由英国政府代管，但英国享有苏丹王位继承的决定权，从而确立了文莱成为英国“保护国”的地位。协定还规定，把沙捞越和沙巴列为与文莱打交道的“外国”，这等于文莱被迫明确承认了这两地的分离。

然而，保护协定并没有有效地保护文莱领土遭受“第三国”继续肢解。尽管文莱苏丹在协定中承认了沙捞越和沙巴彻底从文莱分离，成为独立的国家。但英国最终并没有阻止他们肢解林梦。

林梦是文莱仅存领土中最富裕、人口最稠密的地区，其生产的粮食养活了文莱大多数人口。也正因为如此，它才一直成为布鲁克和登特觊觎的目标。1890年，哈什姆正准备着手最终平息林梦地区的叛乱时，查理士·布鲁克再次要求文莱割让林梦。面对压力，苏丹哈什姆决定走折中路线，只对投资者进行商业出租，而要保留在林梦种植农作物的权利。此外，他还认为只出租商业权不仅可以获得税收收入，商人的活动还可以进一步阻止沙捞越兼并林梦。但是查理士·布鲁克认为只出租部分权利将会导致日后的纠纷。为了加强对林梦的控制，文莱准备派遣一支舰队到林梦，但查理士·布鲁克也于1890年强制占领了林梦。对于布鲁克的行为，哈什姆向英国求助，希望英国根据1888年条约给与保护。但英国相信了查理士·布鲁克伪造的“借口”：1884年起义之后，林梦人民已经抛弃了文莱苏丹的压迫性统治，他们已经拒绝向苏丹纳税，并升起了沙捞越的旗子。他们的行为说明在沙捞越兼并林梦前，林梦遭受了暴政，林梦人民已经不愿回到苏丹的统治之下。因此，英国并没有承担保护协定的义务，反而认为林梦被查理士·布鲁克统治优于被文莱统治。尽管他们不认可查理士·布鲁克兼并林梦的方式，但对其结果则表示默认。

尽管查理士·布鲁克把对林梦的租金提高到每年6000美元，但苏丹哈什姆对沙捞越兼并林梦不予承认。他认为假如同意了查理士·布鲁克的兼并，文莱将会丧失更多的领土，因此有必要坚持强硬的立场，拒绝接受查理士·布鲁克支付的租金。英国政府一方面给文莱苏丹施压，要求他接受查理士·布鲁克的租金，另一方面也劝说查理士·布鲁克延长支付租金的期限。林梦被沙捞越兼并后，文莱被分为了东西两个部分。林梦的丧失对苏丹哈什姆造成了沉重的打击。他成为了懦弱的代表，为了保住王位，他不得不向英国妥协，导致他与其他大臣不和。接下来的10多年时间里，因他无力劝服英国把查理士·布鲁克赶出林梦进一步削弱了他在国内岌岌可危的地位。查理士·布鲁克强占林梦不久后就开始对当地人赖以生存的渔业、农业进行征税，导致当地人也丧失了生活来源，不得不举家搬迁到沙巴和其他地区。

由于国势衰败，加之没有收取查理士·布鲁克强占林梦的租金，文莱财政拮据，官吏们变本加厉加紧勒索和贪污，最终引起了人民的反抗和起义。1899年，文莱的都东和白拉奕地区爆发了严重的骚乱，白拉奕起义者因不堪重税，杀害了文莱的征税官。在查理士·布鲁克的支持和鼓动下，1901年都东和白拉奕两地都要求沙捞越提供保护并要求沙捞越兼并这两个区。查理士·布鲁克见时机已经成熟，继而要求政府同意其兼并都东和白拉奕两个区。但文莱发现了石油和苏丹哈什姆的坚决抵制使英国最终没有同意查理士·布鲁克的要求。

1903年，文莱发现了石油，这使文莱的地位和重要性急骤上升。为了不让石油的开采权落入第三国之手，英国政府决定不能再让沙捞越兼并文莱剩余的领土和油田，而要把文莱直接置于英国政府的控制之下。此外，面对威逼利诱，苏丹哈什姆坚持不再割让文莱仅存的任何领土，他还呼吁土耳其、美国等力量出面维护文莱的生存。为了保住文莱仅存的领土，防止亡国灭种①，哈什姆请求英国帮助管理内政，他还直接写信给英国国王，表示英国要警惕都东和白拉奕出现类似林梦的情况。

为了控制文莱的油田，英国政府转而决定在文莱设立驻扎官，把文莱彻底纳

① A.V.M. Horton, British Administrationg in Brunei 1906-1959, Modern Asia Studies, Vol.20, No.2, 1986, p353.

入自己的管辖范围，防止文莱仅存的领土和油田被沙捞越兼并。1904年4月，英国海峡殖民地官员M·S·H·麦克阿瑟被派往文莱调查当地的情况。经过调查之后，他向英国政府陈述了文莱统治的混乱，他认为将文莱并入沙捞越对文莱是不公平的，而且至少是在文莱都城，反对查理士·布鲁克的呼声越来越高。如果英国向文莱派驻一名“驻扎官”也许不会引起马来人上层人士的反感。他还认为对于英国来说，文莱的重要性比想象中更大，在一段时间之后，它甚至可以成为自食其力的国家。因此，英国可以将在马来亚的统治方式移植到婆罗洲，当然就包括文莱。从长远来看，沙捞越和北婆罗洲都可以被置于英国殖民局的统治之下，并可以合并为一块更大的殖民地。1905年，高级专员约翰·安德森也向英国殖民部报告说，文莱“在过去的岁月中，肯定未从受英国保护的地位中得到任何好处”，“向苏丹许诺的保护仅仅是名义上的，而且1888年条约带给文莱的好处仅仅限于陛下政府方面。在我看来，强迫苏丹就范（指并入沙捞越）……简直是不可能的……”。因此，英国应该向文莱派驻驻扎官，切实对文莱提供保护。

英国政府接受了麦克阿瑟的建议和认真考虑了约翰·安德森的报告。1905年11月，英国驻文莱总领事开始和文莱苏丹谈判设立驻扎官的问题；同年12月3日双方订立条约。条约规定：文莱接受英国的全面保护，英国派驻一名驻扎官管理文莱的内政和外交事务，同时保留苏丹的王朝制度不变。双方还签署了一系列附加议定书，就文莱苏丹及大臣们所享受的待遇和赔偿做了详细规定。1906年1月，条约正式生效。由于查理士·布鲁克一直把兼并整个文莱作为自己的毕生事业，认为文莱“这个地图上的斑点”位于他的领域之内，理应属于他。他对其“命运扩张论”遭受阻挠感到无比愤慨。因此对于1906年条约，查理士·布鲁克表示了不满，并认为自己是英国派驻文莱驻扎官的最合适人选。但英国殖民当局表明布鲁克不是文莱最合适的统治者，大大打击了布鲁克的雄心。为此，他组织了一系列活动如向英国殖民局提出抱怨、对英国众议院提出质疑、组织请愿等谋求改变英国派驻驻扎官的计划。但查理士·布鲁克的行动并没能够改变英国殖民局的计划。

驻扎官制的建立虽然使文莱避免了彻底被肢解，保住了其所剩不多的领土，但却使文莱的行政、司法等内政大权，继外交大权之后丧失殆尽，其对内对外政策都由英国驻扎官决定和执行，苏丹政权已名存实亡，文莱从此完全处于英国的控制之下。

第三章 殖民统治时期

第一节 苏丹大权旁落

从1906年沦为英国殖民地至1959年获得自治，除了在1942年春至1946年7月被日本殖民统治，文莱的政治、经济、外交、国防受英国全方位控制53年。在殖民统治期间，英国在文莱建立起了相应的政治、经济和文化制度，客观上开启和推动了文莱的现代化进程。

一、政治状况

沦为英国的殖民地后，文莱的政治体制也发生了重大变化。传统的等级制度被取消，英国殖民者在文莱建立起了文官制度，对文莱进行专业化的行政管理。在职位和权力方面，英国驻扎官是最高统治者和执行者，控制着文莱政治、经济、外交、军事、国防安全等各个方面。驻扎官直接向英属婆罗洲高级专员负责。然而由于英属婆罗洲高级专员驻扎在新加坡，离文莱800多千米，除了紧急事务，英国在文莱的驻扎官具有绝对自由的权力处理文莱的事务。文莱苏丹和大臣则大权旁落，只能掌管与宗教有关的事务。在待遇上，他们主要靠领取薪俸过日子。尽管他们的枢密院得以保留，但事实上已经没有权力。

为了维持统治，与当地统治者合作是英国统治文莱的原则[①]。英国殖民者招纳了一部分文莱人在政府为官。1907年，有6个文莱人在殖民政府为官，但是他们都是文盲，只能参与裁判国内的微小案件、征收关税和人头税。

在机构设置方面，英国人按照西方的文官制度，先后设立了海关、邮局、农林部、公共工程部、警察局、卫生部、教育部等部门。如公共工程部和卫生部成立于1929年；农林部成立于20世纪30年代。

在行政区划方面，文莱被划分为五个行政区，即文莱市、穆阿拉区、淡布伦

① A.J.Stockwell, Britain and Brunei, 1945-1963: Imperial Retreat and Royal Ascendancy, Modern Asia Studies, Vol.38, No.4 (Oct., 2004), p785.

区、都东区和白拉奕区。每个区的市长和区长由文莱马来人担任，直接对驻扎官负责。每个区都设有专业的行政管理机构。在社会的基层，村舍首领们负责地方治安。

在法治方面，麦克阿瑟在担任英国政府派驻文莱首任驻扎官期间制定了刑法，建立了审判制度，并组织了警察部队。驻扎官法庭是文莱当地的最高法庭，但海峡殖民地最高法庭有权对死刑案件作出初审并接受上诉。上诉人如果愿意也可以向伦敦的枢密院递交请愿书。当然，宗教案件仍然由伊斯兰教法官负责审理。最初的警务人员是由纳闽岛调来的一支海峡殖民地分遣队担任。但1916年一位驻扎官遭到一名锡克教教徒警察刺杀后，改为马来人担任，殖民当局直到1921年才建立起一支独立的文莱警察部队。

由于英国在文莱建立的行政体制与英国在马来亚殖民地实行的管理体制相似，文莱驻扎官也同时兼任马来亚殖民地政府的官员，而且其顶头上司英属婆罗洲高级专员又兼任海峡殖民地总督，因此文莱和马来亚殖民地及海峡殖民地在行政管理体制上有着非常紧密的联系。1921年以前，文莱在行政上和纳闽岛联系紧密，当时的驻扎官大部分时间都待在纳闽岛，其助手留在文莱代表他行使权力，因为那里的生活条件更加便利。

沦为英国的殖民地使文莱苏丹的声望和势力遭受到最严重的冲击。苏丹哈什姆在1906年与英国签署条约后不久就去世，穆罕默德·杰马鲁拉南年幼，暂时由首席大臣和内务大臣摄政，直到1918年才登基，但除了管理宗教事务外，英国政府仍然没给他任何其他权力。穆罕默德·杰马鲁拉南被认为是进步和开明的统治者，于1920年被英国政府封爵，然而其于1924年英年早逝。其子艾哈迈德·塔贾丁·阿克哈祖尔·凯里·沃丁也因年幼直到1931年才继位。尽管苏丹和大臣们靠薪俸过日子，但他们的收入也随着殖民政府收入的增加而得到了增加。1934年，艾哈迈德·塔贾丁·阿克哈祖尔·凯里·沃丁的津贴达到了500美元每月，是哈什姆1906年薪俸的两倍。

在领土方面，沙捞越的查理士·布鲁克1917年逝世。他的继任者在1924年关闭了当地的煤矿后把在穆阿拉的税收权力移交给了英属文莱政府，得到了一定的补偿。1931年至1932年间，沙捞越把更多的领土移交给了文莱。由于文莱被沙捞越兼并的林梦地区一分为二，不便于管理。英国殖民政府于1917年至1918年间曾打算用都东和白拉奕两个区与沙捞越交换林梦，但沙捞越一直不予同意。因为查理士·布鲁克的继任者认为这么早就将邻邦的统治权移交给英国殖民政府有损于他的名声①。

二、经济发展状况

在经济方面，英国人首先进行了制度上的改革。在完全沦为殖民地之前，文莱苏丹财政收入的来源主要有：沙捞越布鲁克王朝和英国北婆罗洲公司租借文莱领土后支付的租金；承租官田和专营贸易的华侨所支付的钱款。苏丹的上述两种获得财政收人的权力已经在1906年的条约中自动放弃，因此英国驻扎官一上任，就着手文莱经济制度的改革。

首先，英国驻扎官开始清查文莱资产。但由于苏丹哈什姆逝世前夕，他随身携带着国玺，当时的很多官方文件上的印章难分真伪，所以清查工作进展缓慢，直到1912年才得以完成。

其次，英国驻扎官着手建立文莱的海关制度。由于此前的贸易专营权被承包给了两个华人，因此解决起来相对容易和快捷。英国殖民政府从马来联邦获得了20万美元的贷款，先后在1906年至1907年收回了关税征收权；1914年，英国殖民政府又从马来联邦贷款40多万美元用于赎回沙捞越和英国北婆罗洲公司提前支付给文莱苏丹的土地割让金，继而收回了沙捞越和英国北婆罗洲公司。关税权力收回后，英国殖民政府就逐步开始征收固定的进出口关税。征收关税获得的收入一度时期成为英国殖民政府的主要收入。

最后，英国殖民政府还同步改革了税收制度。英国驻扎官构建了更加有效的征税制度，保证税收工作的顺利进行。因为在驻扎官制度下，所有的工作都以苏丹的名义进行，苏丹的权威和声望仍然被承认，其仍然被认为是文莱的首脑，因此驻扎官的工作开展得比较顺利。而事实上，文莱所有的实权都属于驻扎官。

此外，1909年，英国殖民政府还颁布了一项土地制度。规定：凡是无主的土地收归国有，苏丹和大臣们领取年金作为丧失土地所有权的的补偿。只有驻扎官有权处理土地。随后，殖民政府开始招商引资，批准一些欧洲公司到文莱开发土地，兴办橡胶、鸦片种植园；少部分土地也被划拨给非马来人少数民族耕种。

上述措施取得了显著的成效。首先，英国殖民政府的财政收入明显增加。

---

① A.V.M.Horton, British Administrationg in Brunei 1906-1959, Modern Asia Studies, Vol.20, No.2, 1986, p360.

1906年，殖民政府从鸦片种植园、烟草进口关税获益1万多美元；1907年，殖民政府以每年16 800美元的价格把鸦片农场、烟草进口等承包了出去。此后，为了限制鸦片的使用，鸦片的价格大幅提升。但其限制鸦片使用的政策无济于事，只增加了政府的财政收入。1924年，政府从鸦片买卖中获得的税收收入达到6万美元，占当年财政收入的20%。殖民政府收入的增加使文莱在1910年出现了财政结余的情况；此外，殖民政府对苏丹的赔偿金也大幅增加，从1906年的28 173美元涨到1913年的165 082美元[①]，增长了近6倍。其次，相对固定的土地制度使一些原来实行流动耕作的少数民族开始定居下来，耕种专门划拨给他们的土地。在殖民地制度建立之前，水稻种植在文莱非常稀少。1909年颁布的土地法案使文莱大规模的水稻种植成为可能，一战期间的高米价坚定了殖民政府推广水稻种植的决心。

随着石油资源的开发，石油业也成为了英国殖民政府的支柱产业。1906年前，文莱就发现了石油。1907年，殖民政府开始着手石油开采，但限于资金短缺，不得不寻求与其他公司合作。在1907年至1922年期间，有好几家石油公司在文莱从事石油勘探，但这些公司的资本和技术均不足。1911年殖民当局把白拉奕地区的石油勘探权租给了仅存的荷兰皇家壳牌石油公司下属的英属马来亚石油公司。1914年，该公司在白拉奕的拉比开采出石油，到1924年为止，该地区一口油井开采出的原油就达238吨。1923年，英国婆罗洲石油公司又把在诗里亚的石油勘探权租给了荷兰皇家壳牌石油公司下属的英属马来亚石油公司。1929年4月，诗里亚也发现了储量可观的石油。尽管1932年以前，文莱没有对外出口过石油，但到1935年，它已经成为英联邦国家中第三大产油国，特别是其精炼油质量最好，专供航空用油。可观的产量使石油成为文莱经济中的主导产业。石油业的收入让文莱有效抵御了20世纪30年代经济危机的冲击。1933年，殖民政府从石油生产中征收的税款占当年财政收入的25%，1935年增加到47%。殖民政府还于1936年还清了向马来联邦所借的巨额债务。

尽管石油业为殖民政府带来了巨大的收益，但政府在石油开采问题上还是比较克制的，因为政府担忧油气储量的大小，其可持续开采的时间不明确，决定量入为出，来自于石油业的税款要为石油开采完之日做出预留。所以石油业的收入

① 本段数据来源于Graham saunders，A History of Brunei，Routledge Curzon，2002，p11.

大部分还是用作了再投资。尽管如此，文莱的其他产业仍然在石油产业的推动下获得了巨大发展，尤其是公共基础设施的建设得到了加强。1939年，文莱的公路里程达到了160多千米，大部分是由石油公司修建和维护的。1921年，文莱都城有了无线电话；1926年，政府修建的第一个大坝开始为文莱都城供水。1935年，文莱都城有了电力供应，这些公共事业的投入都来源于石油业的收益。

三、教育和卫生情况

英国统治期间，文莱开始出现了学校教育，学校的数量也不断增长。文莱最初的学校是一个马来人办的私人学校，专门教授马来语。在得到政府支持后，文莱的马来语学校数量不断增长。1928年，文莱还只有4所马来语学校，但到了1941年，这样的学校就达到了24所，有1746个学生和68个教师。除了马来语学校外，文莱华人社区也出现了学校。当时的教育事务由驻扎官的助手负责。1929年，殖民政府在文莱建立了义务教育制度，为家庭住址离政府新办学校3.2千米以内、年满7岁的马来人男童提供免费教育。

在卫生方面，1929年，殖民政府正式设立的卫生部负责管理卫生事务。同年，文莱苏丹在文莱开办了一所具有30个病床位的医院。

第二节　被日本占领

第二次世界大战期间，反法西斯同盟国家在太平洋地区对日本开战。日本为独霸东亚并与纳粹德国相呼应牵制美国在太平洋的兵力，于1941年12月7日偷袭美国在太平洋上的重要军事基地珍珠港。次日，美国对日本、德国、意大利正式宣战，太平洋战争爆发，第二次世界大战的范围扩大。从1941年冬季到次年夏季，日军先后占领了马来亚、新加坡、缅甸、菲律宾、印尼、关岛、威克岛、新几内亚和所罗门群岛等地，文莱也未能幸免。

1941年12月16日，大约1万人的日本军队开始进入白拉奕地区，在没有遇到任何抵抗的情况下花了6天时间迅速占领了文莱。英国驻扎官和其他欧洲人被关近了集中营。文莱苏丹和大臣们则选择与日本人合作，在日本行政当局中任职。苏丹的王位得以保留，日本赠与了他一定的津贴和荣誉。原英国殖民政府中的马来人官员的职位得以继续保留，且他们的薪水没有被削减，因为他们的效率很高。

与新加坡和马来亚相比，日本在文莱的早期统治相对和善。华人也没有公开地对抗日本人，而是像很多马来人一样搬迁到偏远的地方躲避日本人。随着战争局势的发展，在世界反法西斯战争大背景下，文莱的反日情绪和反日斗争使日本在文莱的统治变得苛刻。日本人在文莱建立了日本军事警察，这支军事力量担负着维护日本在文莱的统治任务。他们的残酷使文莱人到20世纪70年代还心有余悸，当时很多马来人被认为是英国的代理人而被处决。

日本的占领对文莱的经济和人民生活带来了巨大的灾难。一方面，日本人想把文莱作为日军战略物资供应地，因此大肆滥采能源资源。尤其是文莱的石油资源遭到了破坏性的开发。如日本军队在诗里亚新开了16口油井，这些油田战后的产量只有战前的1%左右，从1940年的626.7万桶减少到1945年的7.4万桶。另一方面，日本人的统治使文莱人的生活变得越发艰难。各行各业遭到巨大破坏：交通瘫痪、粮食匮乏、医药短缺、贸易萧条，很多人不得不回到原始状态，用树皮做衣服。

1945年，英国空军开始不间断地对文莱进行空袭，致使文莱遭受了更严重的破坏。1945年6月10日，由澳大利亚人组成的英军开始从纳闽岛和穆阿拉登陆，打击驻扎在纳闽的日军，驻扎在文莱都城的日军也被抓捕。退守到内地的日军被盟军军官组织的本地武装组织和英军打败，大约2530人被打死或被俘虏。打败了日军后，英国在文莱设立了英国军事管理局，负责对流离失所的人提供救济，并对文莱进行军事管制。1946年7月6日，政权正式移交给英国的文职人员，英国恢复了对文莱的控制。

第三节　获得相对自治权

英国恢复了在文莱、沙捞越、沙巴的殖民统治后，于1946年7月正式宣布沙捞越和沙巴为英国的直属殖民地，文莱仍维持“保护国”的身份。在庆祝从日本统治之下解放一周年时，文莱苏丹向英国国王表示，将效忠于英国。同年9月6日，在驻扎官制度完全恢复之时，文莱苏丹再次承诺，他和他的国民将与新的驻扎官合作，效忠于英国。至此，英国又完全恢复了对文莱的控制。1948年英国取消海峡殖民地总督一职，代之以“联合王国驻东南亚钦差大臣”。过去的海峡殖民地总督因兼任英属婆罗洲高级专员而对文莱行使的职权，现在改由英国驻沙捞越总督行使，由他兼任驻文莱高级专员。

英国之所以采取这些措施，是打算把沙捞越、沙巴和文莱融为一体，建立一个婆罗洲联邦，以巩固其殖民统治。1953年4月23日，英国驻东南亚钦差大臣马尔科姆·麦克唐纳在沙捞越的古晋召集文莱苏丹、沙捞越总督和和沙巴总督开会，提出要加强三地之间在政策和管理方面的协调，为此，要求由三地政府首脑组成一个常设委员会，经常开会解决协调问题，为最终建立婆罗洲联邦铺平道路。

第二次世界大战结束后，东南亚国家纷纷掀起了争取独立的声势浩大的斗争。在周围国家的影响下，文莱人民也开始觉醒，他们要求摆脱英国的殖民统治，重新恢复文莱的国家主权和民族尊严。以苏丹为首的文莱王室也感到，文莱再也不能继续充当“保护国”的角色，应该从英国人手中收回苏丹的统治权。1950年，奥玛尔·阿里·赛里夫汀继承王位，成为文莱第二十八世苏丹。

二十八世苏丹对婆罗洲联邦的计划持反对态度，他感到这样一个联邦的建立仍然会使文莱处于受制于人的地位。为此，他主张文莱应该实行内部自治和一定程度的议会民主，把权力从英国人手中收复回来。1953年他宣布要给文莱制定一部宪法。作为第一步，他建立了一个由7名文莱人组成的咨询委员会，负责调查研究国内的民意和国外的宪法体制，为起草第一部宪法做准备。同年，在各个区设立了区议事会，其成员由苏丹任命，他们可以选派代表作为观察员参加国务会议，反映民众的意见。1956年，文莱国务会议通过一项地方议会法令，规定在京城和各区建立市或区议会，取代1954年建立的区议事会。1958年，奥马尔·阿里·赛里夫汀苏丹在发表演讲时称“文莱不是英国的殖民地，文莱将从英国的殖民统治下独立出来，苏丹将为人民的福利和国家的富强负责”[①]。

1959年3月，文莱苏丹率代表团前往伦敦与英国政府就制定新宪法和恢复自治问题举行谈判。文莱苏丹提出的宪法草案主要内容是：文莱国内的一切权力都属于苏丹，苏丹是最高统治者；文莱继续在英国的保护之下，但英国驻文莱驻扎官只能充当苏丹政府的顾问，没有实权；自治后的文莱设立枢密院、行政委员会和立法院；地方议会由直接选举产生，全国立法院则由被任命的地方议员、官员及当然成员组成；明确规定了苏丹王位继承的方式和摄政王的权力；继续设立首

① Bulletin，18 January 1958，转引自Graham Saunders，A History of Brunei，Routledge Curzon，2002，p135.

席一职。对于苏丹提出的宪法草案，英国政府几乎毫无保留地表示了同意。不久，文莱和英国签署了一项取代1906年条约的新条约。根据条约，文莱脱离英国获得了自治，除了外交、国防和内部治安管辖仍然由英国承担外，文莱获得了相对的自治权。英国废除了驻扎官制度，任命一名高级专员为文莱苏丹政府充当顾问。同时，英国驻沙捞越总督在行政上不再担任文莱的高级专员。同年9月29日，文莱第一部成文宪法诞生。

第四章　争取独立时期

第一节　婆罗洲联邦问题风波

20世纪50年代后期，文莱还面临一个突出的问题，即究竟是与沙捞越、沙巴合并组成婆罗洲联邦还是加盟更大的马来联邦。早在50年代初，英国人就提出了建立婆罗洲联邦的设想，后来他们又采取了一些具体措施，如定期召开婆罗洲诸属土委员会会议，讨论三个属地之间制定协调一致的政策；建立了司法部、地理勘察部、民航局等机构，统一管理三地的有关事务；发行统一的货币等。到了1957年7月，英国驻沙捞越和沙巴总督正式提出组建联邦的建议。1958年2月，他们为此又提出了具体方案，主要内容是：三地组成一个松散的联邦，同时各自保留一定的独立性，继续自由支配自己的财政收入和开支；联邦中央政府控制三地的防务、对外关系、通讯及内部治安；中央政府的首脑为大总督，由英国人担任。

对于这个方案，沙捞越和沙巴人表示赞同；文莱国内则反应不一。文莱王室和上层人士一致表示反对，他们认为文莱苏丹在拟议的联邦中没有享受最高统治者的地位，而且文莱的财富会被用来补贴较为贫穷的沙捞越和沙巴。文莱人民党则明确表示支持建立婆罗洲联邦，把建立联邦视为文莱走向独立的第一步，认为建立联邦只是一种手段，而实现独立才是最终目的。

另一方面，在是否同马来亚合并的问题上，文莱王室和上层人士则持积极的肯定态度。文莱苏丹之所以宁愿与马来亚合并而不愿与沙捞越、沙巴合组联邦，主要是出于对文莱地位的考虑。1958年，苏丹在一次讲话中指出，文莱不是一个殖民地，暗示文莱的地位比沙捞越、沙巴这两个殖民地的地位要高。如果与这两个殖民地合并，对文莱来说就是一种倒退，就会使它从半独立国家的地位下降到殖民地地位；而与马来亚合并则不同。马来亚已是一个独立国家，与它合并会提高文莱的地位，有利于加快文莱实现独立的进程。1958年10月，文莱苏丹在接受一家报纸采访时说，大多数受过教育的文莱人都赞成与已独立的马来亚建立紧密的关系。同年11月，文莱借巨款给马来亚，第二年双方之间的官方往来进一步密切。时任马来亚总理的东古·阿卜杜勒·拉赫曼访问文莱，双方一致认为，有必要在这两个穆斯林国家之间建立更为密切的关系。马来亚政府随后派遣了大批官员和教师去文莱帮助恢复和重建文莱的行政及教育机构。

在英国操纵下，马来亚总理拉赫曼于1961年5月提出了建立"马来西亚联邦"的倡议。这个计划的主要内容是：把马来亚、新加坡、文莱、沙捞越和北婆罗洲五个地区联合起来，组成一个"马来西亚联邦"。联邦的中央政有权总揽国防、财政、外交和社会治安等大权；地区性的事务则由各地区自行处理，新加坡由于它的地位特殊，在劳工和教育权上有较多的"自治"权力，但它的一部分公民将在联邦中失去公民权，并允许英国继续保持新加坡的军事基地。英国策划"马来西亚联邦"计划的真正目的是：

第一，镇压这些地区日益增长的民族主义运动以延长英国殖民统治的寿命。战后新、马和北加里曼丹三邦反对殖民主义统治，要求独立的斗争不断高涨。特别是1956 年文莱人民党和1959 年沙捞越人民联合党的成立，反对殖民主义浪潮遍及于各地，迫使英国不得不考虑三邦的独立问题。马来亚和新加坡的人民也要求新、马统一和真正独立，左派的力量日益壮大，马来亚和新加坡统治集团深感恐惧。在这种情况下，英国才被迫倡议组织"马来西亚联邦"，在表面上装着放弃对这些地区的主权，实质是企图通过"合而治之"的手段来加强当地的右派集团，以继续进行殖民统治。

第二，是企图通过马来西亚联邦以维持英国在新加坡的军事基地。新加坡是英国在远东最大的军事基地，如果允许新加坡单独独立，这个基地的地位就将发生问题。因此，1961年11月英马发的联合声明特别指出，1957年英马防御互助协定将适用于马来西亚联邦领土。英联邦大臣桑斯在下院答复询问时说"最近缔结的有关马来西亚的英马协定并未禁止使用新加坡的基地，以履行英国对东南亚条约的义务。"拉赫曼在国会上也一再强调说，"联邦政府不但将许可英国使用新加坡基地以供英马联防用途，同时许可供在东南亚条约目标下旨在推护东南亚安全的用途。"可见成立马来西亚联邦最重要的条件之一，就是维持英国在新加坡的军事基地。

第三，包围印度尼西亚和抵制印度尼西亚进步力量对上述地区的影响。近年来，英国对印度尼西亚人民反对殖民主义取得不断胜利感到不安。早在1960年，英联邦大臣桑斯在马来亚毗叻州的金马崙召开一次英驻东南亚专员秘密会议上，就讨论了如何对付印度尼西亚影响的问题。并且放出口气说，“如果印度尼西亚不能解决本身的经济问题，它将在西伊里安问题解决以后，把注意力转到婆罗洲。所以在印度尼西亚提出要求（领土）之前，婆罗洲三邦如果不同友邦的马来亚合作，就将变成印度尼西亚的殖民地。”以此挑拨马来亚和印度尼西亚之间关系。

第四，英国搞马来西亚联邦还有一个重要的企图，就是抵制美国在东南亚的势力。美国对北加里曼丹的丰富资源，早已垂涎欲滴。战后，美国为了打入英国在东南亚的势力范围，早就主使菲律宾提出对北婆罗洲的“主权”，并且策动菲律宾鼓吹“大马来西亚联邦”的主张，把东南亚各国置于美国的控制下。另一方面在经济上不断渗入北加里曼丹，以排斥英国的势力。这些都反映了英美对争夺这些地区的市场、原料和投资场所的尖锐矛盾。

最后，拉赫曼倡议“马来西亚联邦”的企图，是为了巩固和扩大其统治地位，削弱华人的力量。新加坡原属马来亚。新、马分离是英帝国主义以“分而治之”的手段镇压当地人民反帝斗争的产物。合并是两地人民的愿望。但是拉赫曼考虑，新马单独合并，华人将多于马来人，而华人又是新加坡最大的左派力量，对他的统治是不利的。所以他所需要的，五邦合并，目的就是建立一个以“马来人占优势的联邦，以削弱当地的进步力量。（按：新加坡华人占75 %，马来亚华人占35 %，新马合并后，华人还占43 %，只有把北加里曼丹三邦合并后，华人才占少数，即占38 %。）[①]

第二节 文莱人民党未遂政变

文莱苏丹对“马来西亚联邦”这一倡议表示欢迎。文莱人民党则明确表示反对，认为马来亚政府的动机是想支配文莱，使文莱殖民地化。就在马来亚的上述倡议提出后不久，文莱国内发生了民众袭击马来亚派驻文莱官员的事件，主要原因是马来亚大量派遣官员和教师到文莱，使文莱人失去了很多就业和晋升的机会，从而引起了文莱民间的不满。文莱人民党利用这一事件加强了对马来亚政府

① 钟紫、田禾：《文莱起义与北加里曼丹反对马来西亚联邦的斗争》，《东南亚研究资料》，1963年02期，第46页。

的攻击，进一步扩大了该党在文莱的影响，其党员人数在一个月之内就由1.9万人增加到2.6万人。与此同时，人民党还与工会组织结成了紧密的联盟。

随着其力量的壮大，文莱人民党要求政府立即举行议会选举，它一方面想通过大选取得参政权，另一方面想凭借它在议会必将获得的多数席位阻止文莱与马来西亚组成联邦。文莱苏丹不愿屈从人民党的压力，他一面推迟原定的议会选举，一面鼓动成立了两个新的政党——文莱国民党和文莱统一党，作为亲政府的政治势力与人民党抗衡。不仅如此，苏丹不顾人民党的反对，派代表参加由新加坡、沙捞越和沙巴组成的协商会议，在批准成立马来西亚联邦的文件上签字，接着又与英国和马来亚政府就文莱加入拟议中的马来西亚联邦的事宜举行谈判。

正是在文莱人民党和文莱苏丹政府尖锐对立的情况下，1962年8月底文莱举行了首次地方选举，结果人民党取得了压倒性胜利，占据了地方议会55个席位中的54个席位，控制了所有四个区的议会。因此，由区议会选出参加全国立法院的16名议员也全都是人民党的成员。在取得这些绝对优势之后，人民党立即提出要修改宪法，改组政府。在文莱的前途问题上，人民党再次主张建立一个婆罗洲联邦，以对抗“马来西亚计划”。1962年9月，文莱人民党与沙捞越和沙巴的两个政党一道组成了“反马来西亚同盟”，并准备把北婆罗洲问题提交联合国讨论。

人民党取得的胜利和所施加的压力并未能使文莱苏丹改变立场。他仍坚持要求加入马来西亚联邦。同年9月，他派了一个政府代表团到吉隆坡与马来亚政府官员举行最后一轮预备性会谈。10月和11月，苏丹两次推迟了立法院会议的召开，以阻止人民党提出的反对成立马来西亚联邦的议案被通过。12月，苏丹政府又拒绝把人民党提交的议案列入立法院的讨论议程。

由于人民党和苏丹政府互不让步，双方之间的最后摊牌就不可避免。人民党宣称，既然通过合法手段不能制止文莱加入马来西亚联邦，那人民党别无选择，只有动武了。1962年12月8日，文莱爆发了人民党领导的政变。

起义军公开宣布要为推翻英国的殖民统治和成立一个包括文莱、沙捞越和英属北婆罗洲的北加里曼丹岛的独立国而斗争，政变很快蔓延到沙捞越和沙巴地区。发动起义的主力军——北婆罗洲国民军达到了两万多人，他们曾一度控制了首都文莱的大部分地区，并且占领了诗里亚镇和附近英国石油公司的油田、白拉奕镇等地区。人民党占领了这些地区后，释放了囚犯，逮捕了英国驻文莱的高级专员和苏丹政府的很多官员，人民党领导人阿扎哈里宣布自己为“北婆罗洲联邦政府总理”。在12月8日举行的记者招待会上，他说文莱人民发动武装起义是因为英国政府拒绝给予北加里曼丹人民以自决权，并且企图把他们纳入拟议中的马来西亚联邦里。12月10日，他又在马尼拉发表一项声明说：“英国能够投进它的全部武装力量来镇压起义，但是战斗将继续下去。直到最后一个英国殖民者被逐出以及自由、独立、单一的北加里曼丹国牢固地建立起来以前，我们不会放下我们的武器。”①

起义发生后，文莱苏丹宣布全国进入紧急状态，并对起义予以谴责。对于起义，英国殖民政府给予了疯狂镇压。到12月13日，英国派到文莱镇压起义的海陆空三军达到了2000多人。包括一个善于山地战的苏格兰步兵营、一营廓尔喀部队、第四机动陆战队、几个“冈特—霍克”式喷气机空军中队以及数艘海军舰艇。在文莱内部，英国殖民当局把文莱人民党宣布为“非法”，并且搜捕这个党的议员。在沙捞越，英国殖民当局逮捕了沙捞越人民联合党的两名中央委员以及其他反殖民主义人士。12月14日，英国又用航空母舰从新加坡运载700名海军陆战队突击队去镇压文莱起义军。

人民党本来希望沙捞越和沙巴的政党与它遥相呼应，共同采取行动，却没想到，尽管它们都反对加入马来西亚联邦，却不愿采取诉诸武力的极端斗争形式。不仅如此，它们还谴责文莱人民党领导的这次政变，指责阿扎哈里无权自封为三地联邦的总理。文莱的政变发生后，沙捞越和沙巴两地的民意出现了180度的大转变，由过去反对加入马来西亚联邦、要求与文莱合并，变成愿意加入马来西亚联邦而放弃与文莱合组婆罗洲联邦。然而，人民党的起义却得到了印度尼西亚的支持和马来亚、新加坡反对党的声援。12月10日，苏加诺总统说，目前在文莱发生的起义最终将会取得胜利，因为这同新兴力量有关。新兴力量将获得胜利，这个世界将成为一个新的世界。印度尼西亚党的阿斯马拉·哈迪、白尔蒂伊斯兰党、印度尼西亚贫农协会和印度尼西亚学生运动12月9日分别发表了声明，都表示支持文莱反对殖民主义统治和争取独立的斗争。马来亚人民社会主义阵线总书记打朱丁·加哈12月10日发表书面声明说，在文莱发生的武装起义“是对英殖民主义的反叛”，声明要求英国“停止对文莱爱国人民的军事行动，并给他们独

① 《文莱爆发反英武装起义 起义军要求建立北加里曼丹单一的独立国 英国当局仓皇从新加坡调派军队前往镇压》，《人民日报》，1962年12月13日。

立”。新加坡社会主义阵线也于12月9日发表声明说，文莱的武装起义“值得所有真正反殖民主义者的支持”。新加坡人民党总书记华哈沙也说，作为一个坚决反对殖民主义的政党，我们同情北加里曼丹爱好自由的人民的愿望。我们严厉谴责使用本地军事基地来镇压自由运动和反殖民主义者①。

在英国的疯狂镇压下，由于敌我实力悬殊大，人民党很快溃退到乡村地区。尽管人民党主席阿扎哈里说，“没有任何力量能够镇压北婆罗洲的革命。这个长期受压迫的人民所进行的解放运动将继续下去，直到取得胜利为止。”但人民党的起义最终还是被镇压了下去，人民党的起义宣告彻底失败。起义被镇压后，苏丹立即取缔了人民党，立法议会和行政委员会都被解散，宪法停止生效。随后成立了一个以苏丹为首的“非常议会”。

第三节　加入马来西亚联邦谈判破裂

文莱苏丹感到，文莱只有加入马来西亚联邦，其政治稳定才会有保障，因此在平息政变不到一个月，即于1963年1月1日派政府官员去吉隆坡与马来亚政府就文莱加入马来西亚联邦的条件问题进行预备性探讨。文莱苏丹提出，文莱加入马来西亚联邦的条件必须符合两个主要原则：一是马来西亚联邦应在现有国家（马来亚、文莱和英属殖民地北婆罗洲、沙捞越、新加坡）自愿联合的基础上，即通过谈判、在各方自愿接受的条件基础上建立起来的联邦；二是文莱及其民族特殊利益，必须按照1962年马来亚政府向文莱苏丹做出的保证，予以承认和保护。在初步取得了令人满意的结果之后，双方便于2月和6月分别举行了两轮正式谈判。第一轮谈判在大的框架问题上进展比较顺利，双方都对文莱的加入感到非常乐观。但到了第二轮谈判涉及具体的实质性问题和利益关系时，双方便陷入僵局，互不相让。

在第一轮谈判中，马来亚方面接受了文莱提出的各项要求，但措辞是含糊而笼统的，双方讨论的问题主要有三个：财政及税收；文莱苏丹在马来西亚联邦统治者会议中的地位；文莱代表在联邦议院中的席位分配。马来亚同意让文莱在加入联邦后保留其投资和石油收入，但没有明确说保留多长时间。关于文莱苏丹的

① 《印度尼西亚支持文莱独立斗争　马来亚新加坡公众要求英国停止军事行动》,《人民日报》, 1962年12月13日。

地位问题，马来亚方面许诺要在未来联邦的宪法中阐明他的特殊地位，但究竟是什么样的特殊地位，则只能由未来联邦的统治者会议来决定，因此这一问题也是悬而未决。

双方进入第二轮谈判之后，就在各项具体问题上产生严重分歧。首先遇到的麻烦是文莱的石油收入问题。文莱方面希望永久保留其石油收入，而马来亚则想在文莱加入联邦10年之后由联邦政府直接控制其石油收入。文莱苏丹的地位是引起争执的另一个问题。马来亚把文莱苏丹在联邦执政者会议中的名次排在最后，理由是他参加这个机构的时间最晚。文莱方面表示，这样的排名是难以接受的，应该按照文莱苏丹就位时间来排名。由于双方在这些问题上各执己见，僵持不下，谈判便告停顿。文莱苏丹警告说，除非马来亚提出更好的条件，否则文莱只有等时机成熟时才会加入马来西亚联邦。

在原定的马来西亚联邦协定签字日期7月8日迫近之际，马来亚政府于6月19日提出了文莱加入马来西亚联邦的最后条件，要求文莱在48小时之内做出接受与否的答复。文莱方面认为这些条件没有什么新东西而拒绝接受。结果，文莱未参加7月8日在伦敦举行的马来西亚联邦协定签字仪式，从而最终保持了自己作为一个主权国家的地位。沙捞越和沙巴这两块文莱过去的属土的代表在协定上签了字，加入马来西亚联邦，与文莱彻底分离，使文莱作为一个主权国家的领土范围最终确定了下来。

第四节　走向完全独立

在澄清了与邻国结盟问题的迷雾的同时，文莱国内的政治形势也趋于明朗。随着人民党被取缔，前一时期政党政治所掀起的风浪开始沉寂下来。苏丹政府清除了人民党这一劲敌而大大巩固了自己的统治。尽管还有其他一些政党存在，但由于其自身力量的弱小和政府的严密控制，这些政党都成不了多大的气候。1963年1月22日，文莱统一党、文莱国民党同另外两个小党合并，组成文莱联合党。即使这样，其声势和影响也远远比不上昔日的人民党，因此，苏丹政府对它提出的主张和要求可以置之不理。

在英国的干预下，苏丹政府同意于1965年初首次举行立法院选举，并建立内阁制的大臣会议，取代原来的行政委员会。然而，这些表面的变革并未对文莱原有的权力结构产生多大影响。新的立法院和大臣会议的大多数成员仍由苏丹任命，只有少数几个成员是直接选举出来的。因此，君主集权的政治体制没有发生实质性的变化。

文莱联合党等政党为了壮大声势，争取民众的支持，于1966年8月组成了有所有政党参加的文莱人民独立党。它采取过去的人民党的策略，谴责英国的殖民统治，要求英国马上让文莱独立。英国政府顺水推舟地表示同意，但把最后决定权推给文莱苏丹定夺。

1963年4月10日，文莱苏丹赴伦敦同英国政府就修改宪法问题进行谈判。在赴伦敦之前，苏丹通过文莱广播电台发表了讲话。他宣称，对宪法准备做出修改，目的在于使行政管理获得更大的效率。他还指出，随着国内和平与安宁的恢复，采取重大措施来“进一步密切人民和行政当局关系”的时刻已经到来。他从伦敦回国后发表了一个声明，其中特别谈到，待1965年3月举行选举之后，将积极致力于推行宪政，并将采取措施加速经济的发展。

事过几天之后，文莱立法议员马塔尔沙德·马尔萨勒提出立即给予文莱独立的要求。这个马来族的领袖声称，文莱有自己的法律，有自己的保安部队，可以捍卫国土；而留学国外的学生今后则可以通过人民遴选担负起国家的行政领导工作。他认为文莱完全具备独立的条件。另一方面，英国议会也讨论了给予“保护国”文莱独立的问题。英国首相威尔逊在议会宣称，大不列颠立意保证把管理国家各个领域的全部责任逐步移交给文莱。威尔逊在谈到有关中止或修改1959年大不列颠和文莱苏丹国之间所订协定的各种现有提案时，他解释说：“他的政府的政策在于使文莱能够逐步担负起管理国家各个领域的全部责任，这就需要在适当的时候同文莱修订协定。”看来，当时英国政府对修改的那个由文莱和英国双方各自应负责任的协定尚未拟就完备的计划。因此，1963年伦敦谈判期间，在直接涉及给予文莱独立的问题上，没有取得任何结果。

1967年10月4日，文莱突然传出一则消息：远非年迈的二十八世苏丹即将让位给他年仅22岁的长子哈桑纳尔·博尔基亚。苏丹在声明中写道：“我于10月4日退位，事出我本人自愿，望吾民众视之为当然之举。今退位已定，毋庸更改。”在文莱的官方文件中，对二十八世苏丹奥玛尔·阿里·赛里夫汀退位的原因未作任何记载。10月5日，哈桑纳尔·博尔基亚继承王位，并于1968年8月1日举行了加冕典礼，成为文莱第二十九世苏丹，他誓言将继续执行其父的政策。

20世纪60年代以来，英国在文莱的驻军问题和文莱的独立问题开始提上议事日程。1966年，英国首相威尔逊宣布，女王陛下政府的政策是文莱应恢复承担各方面的自治义务，因此，需要在适当的时候对两国于1959年签署的协议进行修订。1967年，英国工党政府宣布将在1971年之前从苏伊士运河以东地区撤军。文莱政府对英国撤军后该地区的稳定及其国内安全与稳定不无担忧，认为当时文莱本身的武装力量尚弱小，内部的自治体制也远未健全，因此不愿英方撤走廓尔喀部队，更不愿被匆匆推向完全独立。二十九世苏丹正式加冕后，在二十八世苏丹的陪同下于1968年11月赴伦敦与英方举行谈判，主要是对两国的1959年协议进行审议；并就文莱的防务问题，实质上主要是英国驻扎文莱的廓尔喀部队地位问题进行了多次商谈。同年12月，苏丹再次率团赴伦敦继续与刚上台的英国工党政府举行谈判。在这次谈判中，双方达成协议，解决了廓尔喀部队继续驻留文莱问题。

1971年11月23日，文莱苏丹与英国外交及联邦事务政务次官安东尼·亨利·范肖·罗伊尔（Anthony Henry Fanshawe Royle）分别代表两国政府，在斯里巴加湾市的议会大厦签署了《文莱国苏丹和元首殿下与大不列颠及北爱尔兰联合王国女王陛下关于修订1959年协议的友好合作协议》。该协议规定，女王陛下应继续负责文莱的对外事务，但文莱的国防和安全应为双方共同承担的任务，文莱应享有完全的内部自治。协议对1959年协议进行了修改，规定①：

——将原协议中女王陛下派驻文莱代表的名称从“女王陛下高专”改为“英国高专”。

——女王陛下继续享有文莱制定有关对外事务的法律的司法权。女王陛下同意将根据该条款通知苏丹已采取的或即将采取的有关行动。

——为满足文莱国防的基本需要，苏丹将建立维护维持国内公共治安所需的足够的军队，并使该军队成为文莱对外防务的第一道防线；文莱方面应向女王陛下驻扎在文莱的军队或在苏丹同意下到文莱进行训练或演习的军队提供必要的地位和司法权规定；女王陛下应在英国力所能及之内为苏丹军队的人事、管理、训练、组织和维持，以及苏丹警察部队的建设提供协助和专家咨询；以维护文莱国防为目的的女王陛下军队或女王陛下授权者可在任何时候自由进出文莱；应建立

① 刘新生、潘正秀：《列国志·文莱》，北京：社会文献出版社，2005年，第60页。

一个名为“文莱防务理事会”的双方联合常设协调机构，定期或不定期进行接触和沟通。

——协议规定，本质上属于文莱国内公共秩序性质的事务应由苏丹的公共保安部队负责。但在面临外来攻击或威胁时，双方应协商决定分别或联合采取何种措施。在不能分清内部或外来安全问题的情况下，两国政府应商议判定它是否受到外国的控制或支持。

1971年协议签署后，文方意识到文莱的独立势在必行，不可能长久拖延，因此，加紧筹组自治的步伐；同时面对与周边一些国家的对抗局面，文莱将建立国防作为优先考虑，大力加强文莱皇家马来军团（文莱皇家武装部队的前身）、空军、海军以及警察部队的建设。根据1971年协议，该协议的修改须在签约一方提出一年后进行谈判。

20世纪70年代中期，英国工党政府重新上台后，继续推动解决文莱实现完全独立和撤走廓尔喀部队问题，于1974年提出对1971年协议进行修改。1975年2月，苏丹赴英国就廓尔喀部队和文莱未来地位等问题举行谈判，未果。翌年9月，苏丹再次赴英谈判，双方就条约内容达成了一致。1978年9月29日，双方在文莱草签了条约。1979年1月7日，苏丹与英国外交及联邦事务大臣戈伦韦—罗伯茨（Goronwy Roberts）分别代表两国政府在文莱斯里巴加湾市议会大厦正式签署《文莱英国友好合作条约》。该条约从1983年12月31日起生效，主要内容包括[①]：

——文莱同意从1984年1月1日起恢复行使作为一个主权、独立国家的全部国际义务。

——决心使两国长期、传统的密切友谊和合作关系应继续保持下去。两国关系应以密切友好精神为指导，在认识到它们在本地区的和平与稳定的共同利益基础上，共同协商讨论涉及双方共同利益的问题，以和平方式解决它们之间的一切分歧。

——女王陛下政府将不再承担文莱政府在外交方面的责任。但英国政府对于文莱政府在执行对外关系时所需获得的外交和领事方面帮助的特定请求将给予同情的考虑，包括：在文莱政府与其没有直接外交关系的国家，或文莱政府与国际组织之间起联系渠道的作用；推动和协助文莱进入它所希望进入的国际组织；在

① 刘新生、潘正秀：《列国志·文莱》，北京：社会文献出版社，2005年，第61页。

文莱没有设代表的国家通过外交和领事机构向文莱公民提供保护；帮助建立和训练文莱外交机构及其人员；向文莱设计和颁发新护照提供咨询。

——应鼓励双方进行学术、科学、文化方面的合作，包括增进双方在文化和语言方面的相互了解；增进双方专业团体和文化机构之间的联系；鼓励双方学术、科学和文化交流。

——双方保持现有的商业和贸易领域的密切联系。

——英国政府在文莱政府的请求下，应继续尽力帮助文莱公共部门的人事招聘和人员训练。根据1979年《文莱英国友好合作条约》，英国对文莱外交、安全和防务的保护一直持续到1983年12月31日。

1983年5月，文莱官方宣布，英国将于1984年1月1 日彻底放弃文莱的国防和外交权力，文莱即时将完全获得独立。1984年1月1日，文莱苏丹国国家元首穆达·哈桑纳尔·博尔基亚·穆伊扎丁·瓦达乌拉在首都斯里巴加湾市举行的仪式上向全国宣读了独立宣言。宣言的全文为①：

赞扬宇宙之主阿拉，愿他的慈祥及和平普及我们的领袖。我们的文莱从来不是殖民地，但在1847年的一项特别协议下，英国与文莱1888年同意由英国政府负责文莱的外交事务。

我们的上任苏丹，就是第二十八世苏丹奥马尔·阿里·赛里夫汀在1959年宣布了宪法，使国家更具有秩序及成为最高法律，以至今天。

通过我们与英国女王在1979年签署友好及合作条约以及我们与英国女王之间相互交换备忘录，两国同意在所有英、文两国以前的协定安排下，英国对文莱的所有权力、义务及责任，是不符合一个主权及独立国家的完整的国际责任的。这种情况已在1983年12月31日结束。在这种情况下，所有我们的特权，包括外交方面的责任，已经在1984年重回到文莱苏丹手中。

所以，如今在慈爱阿拉的灵下，我文莱苏丹哈桑纳尔·博尔基亚，在此以我的名义，代表我、我的继承者与文莱人民宣告，从今天公元1984年1月1日，也就是我登基的第17年起，文莱在阿拉庇佑下，在伊斯兰教下，在平等、信任以及自由的原则下，永远是一个主权、民主及独立的马来伊斯兰君主立宪国。永远

① 马金案、黄斗：《文莱国情与中国文莱关系》，北京：世界知识出版社，2008年，第50页。

追求阿拉的祝福与指示，维护人民的欢乐、福利、安全与和平。

在相互尊重彼此的独立、主权、平等以及所有国家的领土完整，不受外来干预的原则下，与其他国家保持友好关系。

愿受赞扬与圣明，受喜悦的阿拉，愿先知穆罕默德。祝福文莱以致永远！

独立宣言对文莱的历史进行了总结：尤其是对文莱与英国的关系进行了定位：文莱不承认自己曾经是英国的殖民地，而认为自己是一个一向拥有主权的国家，因此在独立庆典上并没有举行文莱国旗和英国国旗的升降仪式。

国家的完全独立使文莱人民欢呼雀跃。1984年1月1日午夜，成千上万的文莱人冒雨聚集在清真寺前欢呼自己祖国的新生，隆重庆祝国家独立。

1984年2月23日，文莱在斯里巴加湾市新建成的哈桑纳尔·博尔基亚体育广场举行了独立庆典。文莱苏丹、政府高级官员和各界群众代表以及来自全世界71个国家的元首、政府首脑或特使的外国来宾4500人，共3万余人参加了庆典。文莱政府还把2月23日定为文莱的国庆节。至此，文莱彻底独立，英国在文莱长达96年的殖民统治宣告彻底结束，文莱开启了新的历史征程。

第五章 完全独立后时期

第一节 独特的君主政体

一、文莱政治制度的确立

文莱苏丹的称号来源于阿拉伯语，被认为是该国“伊斯兰大家庭”之父，是一国之君，王室之首，政府首脑。第一世苏丹公元1368年即位。历代苏丹通过家族世袭产生，一般在前世苏丹过世后，由长子继位。自15世纪初建立政教合一的苏丹国后，文莱一直以伊斯兰教为思想武器，用来巩固政权。1984年文莱从脱离英国保护、宣布独立的那一天起，现任二十九世苏丹哈桑纳尔·博尔基亚就提出以“马来伊斯兰君主制”（MIB）作为建国的基本原则，宣布文莱“永远是一个主权、民主和独立的马来伊斯兰君主国”，这一原则被政府尊为“国家意志”，任何人不得违反。

马来伊斯兰君主制的国家哲学早在公元100年就显露端倪。5世纪早期，文莱的马来君主制就已建立。6世纪后，伊斯兰教在马来群岛开始传播。15世纪，文莱国王贝塔塔尔与柔佛苏丹王国的公主成亲后改宗伊斯兰教，国王也改称苏丹。在文莱发展过程中，马来人也逐渐在文莱人口中占据多数，到15世纪，马来人已经成为主体民族。伊斯兰教传入文莱后，为了巩固统治，文莱统治者把伊斯兰教作为统治工具加以利用。随着伊斯兰教在文莱上层的传播，伊斯兰教成为了文莱君主制的意识形态来源，在文莱的政治生活中占据重要地位。可以说早在15世纪文莱已经是一个以马来人为主体的伊斯兰君主国家，诚如第二十九世苏丹哈桑纳尔·博尔基亚在1992年所说的。“马来伊斯兰君主制并不是什么新产品，而是从15世纪起就一直存在着”。

英国在对外殖民过程中有意识地将自己的君主立宪制移植到殖民地。但对于文莱来说，英国在其政治上的影响一直没有超过文莱传统政治文化的传承。在沦为英国的保护国和殖民地后，文莱仍然保持着马来伊斯兰教君主制的政治制度。

尽管文莱苏丹在行政事务上要咨询并听从英国驻扎官的意见，但其在宗教事务上仍然占据着绝对的领导权。在人口方面，尽管华人、西方人不断到来，但马来人占主体的格局在文莱一直没有改变。

在文莱争取民族独立过程中，英国希望文莱从君主专制向建立民选政府的方向转变，建立“更现代化的君主政体”。独立之初，英国曾试图说服文莱采取西方的议会民主制度，发展多党制。然而，1962年文莱人民党的起义给文莱苏丹造成了深刻的“历史记忆”。因此在很长一段时间里他都限制文莱政党的发展，不同意英国的建议发展多党制度和西方议会民主制度，继而保留了马来伊斯兰君主制度。文莱苏丹在独立前夕的一次讲话中就曾直言不讳地说：政党制度在文莱行不通，它只会造成混乱，因而得不到人民的支持。人民生活富裕，不需要政党。

二、马来伊斯兰君主制的特点

MIB是马来文“Melayu Islam Beraja”的缩写，即“马来伊斯兰君主制”，是世界上独一无二的政治制度，也是现代文莱国家的基本政治制度。作为文莱建国的基本政策和社会运行机制，MIB具有如下含意：文莱达鲁萨兰国是一个紧密团结在伊斯兰教与苏丹周围，并以苏丹作为国家最高统帅的马来国家。因此，马来、伊斯兰与君主成为构成这一独特体制的三个最重要、最基本的因素，三者含义有别，却相互作用、相互补充，构成了文莱独特的社会机制。具体讲，三者分别具有以下含义：1. 马来：确保马来民族权利的有效性与特殊性，是文莱王室、家庭、社会、民族和国家生活的支柱；2. 伊斯兰：根据教义规定，作为文莱国教的伊斯兰教是确保文莱独特、完美的社会生活方式的基本准则；3. 君主：文莱实行君主制，即苏丹作为人民的领导者和保护者，拥有统治国家的最高权力。

从上述MIB的基本定义中不难看出，它在文莱社会运行中具有举足轻重的地位和作用。

首先，“马来”这一概念对文莱的基本社会生活方式进行了限制，即文莱国家应该极力维护和沿袭马来传统文化和习俗，保证马来人不可置疑的特权；文莱是一个单一的马来族国家，不主张类似马来西亚的多元民族性。文莱规定：除信仰伊斯兰教的马来人外，其他人没有资格被任命为大臣和副大臣。文莱社会中的华人、印度人只有极个别得到苏丹的封赐，作为苏丹政府的代表领导和管理本民族的生活。尽管文莱在政治、经济、社会生活中极力扶持马来人，推行“马来人”至上，但由于其他民族在高福利的文莱也都能享受高质量的生活，因此，其他民族尽管在各个方面受到限制，但他们仍然能够与马来人和睦相处，成为文莱社会稳定的重要因素。

其次，“伊斯兰”这一宗教在维护文莱国家稳定和发展的过程中作用显著。由于苏丹一再要求国民遵从《古兰经》教义，“爱好和平，讲究奉献”，并对违反伊斯兰教教义的行为展开频繁的调查，杜绝穆斯林触犯伊斯兰教教义行为。为此，宗教部伊斯兰教法庭从2001年3月开始执行了一项新的法令，不仅所有到国外饮酒的穆斯林都将被提起诉讼，而且其他违反宗教教义的举动，如购买、销售酒精饮料等也都将被起诉。初次触犯新规定者将被罚款文莱元500元，第二次犯错则会被罚款文莱元750元，而第三次或以上则每犯一次罚款1000文莱元。在文莱苏丹和政府的高度重视下，伊斯兰教已经成为文莱社会运行的精神支柱和道德准则，伊斯兰教教义也成为一些行为规范的“准法律”，规范着文莱穆斯林的社会行为，成为文莱社会和谐的“黏合剂”。

最后，君主制是文莱政治制度的内核，文莱君主制的确立早于伊斯兰教在文莱的传播，苏丹之前国王制度的本质也是君主制。在伊斯兰教确立为国教之后，文莱国王被称为苏丹，其权力更加广泛，苏丹成为民族、精神、传统习俗和宗教的领袖，是文莱社会中的最高行政长官，拥有至高无上的权力。

总体来看，马来、伊斯兰、君主是相辅相成、相互联系的三位一体，在文莱的国家政治、经济和社会生活中发挥着重要作用。作为文莱君主的苏丹，首先是民族和宗教的领袖，而单一的民族特性和严格的宗教教义成为捍卫文莱苏丹领导地位的基础和保障。伊斯兰教赋予了苏丹绝对的权力，成为苏丹权力的来源，在政教合一的体制下，文莱王位的更迭、权力的分配都以马来传统和伊斯兰教义为准则。此外，君主制的存在也为马来人和伊斯兰教特权维护给予了政治保障。

三、全面维护马来伊斯兰君主制

为了维护国家根本政治制度，文莱苏丹通过一系列措施在国内推行马来化，极力宣扬伊斯兰教，维护君主的绝对权威。

（一）推行马来化

为了维护马来人在人口结构上占多数，在经济实力、政治权利等各个方面占据优势，文莱积极推行“马来人优先”的国策，在各个方面扶持马来人。马来人的特权体现在诸多方面。宪法规定，出生在文莱的原住民马来人和其他少数土著族群自动取得公民权，而对于其他外来族群的入籍则进行了非常严格的限制。在公民权利方面，政府给予马来人公民诸多特权，以便扶植马来人的经济地位，削弱入籍的非土著公民的经济实力。在土地权利方面，文莱政府规定，马来人是文莱土地的唯一主人。在经济领域，为了提升马来人的经济地位，政府首先保障马来人在攸关文莱国家经济命脉的石油业的垄断地位，规定石油开采、加工、加油站等产业，只能由原住民经营。政府还鼓励马来人成为工商企业的主导力量，动员他们广泛参与各个产业的管理和技术工作。政府规定外商投资项目必须有本地资本参与投资和管理，必须优先雇用和提拔文莱马来人。在语言传承方面，为了保证马来语的优势地位，独立后的文莱政府颁布《文莱1984年教育政策》，规定在公办中小学中，马来语是教学媒介语；所有学校都按规定标准修读马来语和英语。

（二）极力宣扬伊斯兰教

早在15世纪，文莱就已经成为了伊斯兰教的传播中心：1959年的文莱宪法将伊斯兰教定为文莱的国教。1984年宪法规定，文莱国教为逊尼派伊斯兰教。1984年以来，文莱政府一直不遗余力地宣扬伊斯兰教，极力维护和提高伊斯兰教地位，将伊斯兰教教义作为政府制定政策的原则和规范社会行为的准绳。文莱苏丹将国家伊斯兰化视为维护君主政体的主要理论基础，大力宣传“伊斯兰君主政治思想”，从伊斯兰教义中寻找君权神授的依据，苏丹本身则被解释成为伊斯兰教的捍卫者。“伊斯兰君主政治思想”将忠君思想和伊斯兰精神结合起来达到维护和神化苏丹统治权的目的。文莱政府把“伊斯兰君主政治思想”当作检验文莱人民是否忠君效国的主要标准，苏丹的“伊斯兰君主政治思想”不容被置疑，任何人都不得反对政府的伊斯兰化政策，如同不能怀疑苏丹对伊斯兰教的虔诚一样。

在实际生活中，早在1955年，文莱就颁布了有关成立宗教委员会和宗教法庭的法令，规定了全国性的穆斯林法律原则，建立了一个宗教委员会，并任命一位国家宗教师来协助苏丹管理宗教事务，还设立了宗教法庭和宗教警察来审理穆斯林案件和监督教徒遵守伊斯兰法规。其后又设立了“伊斯兰发展研究中心”和“宗教教师学院”，负责促进伊斯兰教的发展和宗教师资培养。此外，在各个伊斯兰重要节庆日时，官方出面组织隆重的庆祝活动。在伊斯兰教的教育和宣传方面，文莱人从小学到大学和就业后都把伊斯兰教作为一门必须学习的政治思想课。大学和所有中学都开设“伊斯兰君主政治思想”课程，所有学生必须修读。每年还选派优秀学生到中东一些伊斯兰国家名牌大学专修《古兰经》。文莱政府还重视对儿童进行《古兰经》教育，在人口集中的地方都建有对儿童教授《古兰经》的学校。每年还举办不同年龄层次的男女分别进行的《古兰经》朗读比赛。届时苏丹率王室成员悉数出席并亲自给优胜者颁奖，各部大臣、副大臣、常务秘书等高官夫妇，各国驻文莱使节夫妇都会应邀出席，可见文莱对伊斯兰教传播的重视。2010年1月26日，文莱苏丹哈桑纳尔视察伊斯兰师范学院并发表御辞，强调加强宗教教育是解决当前文莱社会疾病的重要手段。苏丹还严词批评教育部和宗教部官员多年以来仍未能将宗教教育纳入学校必修科目。

在各种文明宣传活动中，文莱人生活方式的核心是伊斯兰化、忠君思想和文明礼貌；按照伊斯兰教义，政府设立了“伊斯兰信托基金会”和“文莱伊斯兰银行”，让穆斯林以伊斯兰教方式投资，或为到麦加朝圣存钱。政府每年也会对到麦加朝圣的文莱穆斯林给予资助。为普及伊斯兰教教义，全国各地设有清真寺，文莱在修建清真寺方面不惜花费巨资。文莱第六个五年计划（1991—1996年）拨款5 600万文莱元用于修筑清真寺，清真寺是文莱最豪华、最讲究的建筑。在日常生活中，文莱政府要求人民严格遵循《古兰经》教义，禁止酒类销售和其他伊斯兰教不容许的社会恶习。1990年开始，文莱首先在国内航班俱乐部禁止销售含酒精的饮料；1991年1月开始全面禁酒，全国都禁止销售及消费含酒精的饮料，非穆斯林外国旅客到访也只允许携带2瓶烈酒和12罐啤酒供自己饮用。为了抵制西方思想的影响，文莱甚至要求穆斯林不要过西方的情人节。尽管文莱宪法规定其他宗教信仰在文莱也可以存在，但在伊斯兰教至上的社会环境下，其他族群也不得不面对各种压力，继而伊斯兰教化，甚至皈依伊斯兰教。文莱宗教事务部的一位官员曾说：“文莱穆斯林属逊尼派，我们禁止其他教派的伊斯兰观点在这个国家传播，除穆斯林外，其他宗教信徒不得发展新教徒。”从他的话语中可以看出，即使是伊斯兰教的其他教派在文莱都得不到支持，更别说其他宗教了。现任苏丹哈桑纳尔·博尔基亚在伊斯兰教的传播过程中身体力行。在日常的演讲中，他经常援引《古兰经》，表示自己对伊斯兰教义的精通和尊崇，还先后数次到麦加朝圣并在斯里巴加湾市近郊修筑了规模宏大的清真寺。2009年，文莱苏丹哈桑纳尔·博尔基亚还亲自对国民进行“伊斯兰教”理念教育。3月9日，他出席在斯里巴加湾市举行的回教先知诞辰纪念日集会，并在集会结束后率领万人游行。5月19日，文莱苏丹出席“马来—伊斯兰—君主制”（MIB）理念专题论坛并发表致辞表示，“马来—伊斯兰—君主制”（MIB）理念已得到文莱社会各阶层的理解和支持，成为贯穿文莱国民生活的一项制度，是文莱保持和平与繁荣的核心理念。因此，当前有必要恢复“马来—伊斯兰—君主制”（MIB）全国执行委员会。他认为，国民有了这个理念，在行动上就能够自觉地维护整个社会稳定。9月7日，文莱苏丹出席全国《古兰经》纪念日诵读比赛颁奖典礼致辞时表示，穆斯林教徒应将《古兰经》视为金科玉律，勤于研读，建立坚定的宗教信仰，确保自己的言行举止永不背离《古兰经》的教诲。11月9日，文莱苏丹首次视察苏丹·沙里夫·阿里伊斯兰大学，并致辞称，对于文莱而言，宗教（伊斯兰教）就是国家的“血与肉”，没有宗教，再多荣誉都毫无意义。全国上下都必须信奉“纯洁的伊斯兰”。苏丹强调文莱国民的核心价值观是伊斯兰，宗教必须成为大学的必修课。11月27日，文莱苏丹在宰牲节前夕通过国家电视台发表御辞，呼吁抵制任何弱化伊斯兰教的企图，他强调，文莱所有穆斯林均有责任在新的时代进一步发展伊斯兰教。

（三）维护苏丹的绝对权威

苏丹作为文莱的最高统治者，在国内具有绝对的权威。苏丹的权威不仅在现实生活中得以体现，还具有法律保障。即使处于英国保护国时期，文莱苏丹的绝对权力也得到了认可。1959年9月，文莱脱离英国的殖民统治获得了自治，颁布了第一部宪法。根据宪法，国家的立法权和行政权归属苏丹。国务会议由行政委员会和立法议会替代。而行政委员会是更为重要的部门，且由苏丹任主席，高级专员是其成员之一，另外还有7名官员和7名被任命的非官方代表。宪法规定地方议会实行直接选举，而全国的立法议会则通过间接选举产生，在立法议会33名成员中，有8名官员、6名苏丹任命的官方代表和3名非官方代表以及16名由地方议会选举的代表。其职能是行使对财政的控制，通过法律对政府的行为进行评判等。苏丹之下设枢密院，其职能是在修改、补充和取消宪法条文，任免职务，封赐称号等领域为苏丹提供咨询。正因为1959年宪法只体现了苏丹的特权，遭到了人民党的反对和公开批评。在镇压1962年人民党起义后。文莱苏丹于1971年和1984年两度修改宪法，规定文莱实行君主制，苏丹拥有立法、行政和司法的全部权力，在枢密院、内阁部长委员会、立法委员会、继承委员会和宗教委员会协助下行使职权。苏丹不仅是国家元首，还是内阁首相、军队统帅、枢密院与王位继承委员会主席。此外，文莱苏丹的绝对权力还体现在不允许苏丹家族以外的人染指政权。因此，非苏丹家族的马来人的政治势力也被排除出国家权力之外。

（四）与时俱进的君主立宪制

文莱的君主立宪制确立至今，将近60年的光景。此间，君主立宪政体基本未受到任何政治力量的冲击，并得到文莱公众的广泛支持，苏丹本人也赢得公众的尊敬与爱戴。这种平稳运转的政体，除了得益于政府大力推行的马来伊斯兰君主制官方哲学外，文莱社会经济发展，人民安居乐业以及苏丹政权的与时俱进都在其中发挥了重要作用。

文莱自独立以来，社会经济取得了很大发展，并且依靠富足的石油和天然气资源而成为世界上最富裕的国家之一，人均收入位于世界前列。多年来，文莱政府奉行平衡预算政策，财政和国际收支状况良好，是一个既无内债又无外债的国家。较强的经济实力为其社会发展奠定了雄厚的物质基础。文莱政府在公共服务设施和公民社会福利建设方面进行了大量投资，公民可享受免费教育、免费医疗以及在购置住房、汽车等家庭必需品方面的补贴等社会福利。如文莱公民子女可免费上政府开办的学校。中学毕业后，通过考试达到一定水准，可到国外进大学深造，政府提供包括假期回国的来回路费和学习期间的食宿、医疗、书本甚至服装费用，每月还有一定的零用费。再如文莱公民享受免费医疗。如果文莱公民在国内不能得到救治的话，那么可选择出国就医，国家负担路费、医疗费和住房与膳食费。这恐怕也是世界上绝无仅有。可以说，文莱是一个名副其实的高工资、高福利、高消费的社会，人民安居乐业，社会稳定繁荣。

文莱的政治变革虽没有经济发展显著，但变化还是有的，表现在以下几个方面：

首先，苏丹本人的亲民形象，避免了其臣民对苏丹本人及其王室成员的“敬而远之”，而达到了“敬而近之”的效果和目的。

在文莱，伊斯兰宗教礼仪活动都是重要节日活动。其中每年的斋戒月最为重要。每年斋月开始，苏丹陛下政府向贫穷的穆斯林教徒施舍牛羊肉和蜜枣等各类食品。开斋节是马来人的新年，是最重要的节日。节日期间，苏丹在王宫接见前来拜年的市民。这期间，文莱王宫开放四天。第一天招待各国使节、各部高官和各界显贵，后三天招待普通市民。苏丹率部分男性王室成员与男性公民一一握手，王后与王妃及王室女性成员在另外的会客厅接见到访的女性臣民。王宫还随时备有丰盛饭菜、糕点和水果，招待所有来客，走时还赠送每人一个印有王室特别标记、装满各种马来点心的食品盒。

苏丹本人体恤民情，重视臣民的福祉。除了政府的日常管理工作外，苏丹常常光顾政府的各个部门及其相关机构，访问安全部队，走访乡村甚至很偏僻的地区。这就使得他与爱戴和尊敬他的臣民保持密切联系。为了提高文莱人民的社会福利待遇和奖励科研工作等，1992年，苏丹本人建立了以自己名字命名的基金会——哈桑纳尔·博尔基亚基金会。该基金会由他个人斥资筹办。

其次，苏丹本人倡导改革和创新精神。为提高政府的办事效率，在1987年国庆讲话中，苏丹指出，保持国家的管理机构与文莱作为一个独立国家发展的同步是至关重要的。为此，苏丹实行了将传统的政治体制与现实变革需要相结合的政策——从一个由主要大臣和国务秘书组成的政府管理机构转变成为一个具有明确分工、责任到位的部长体制。自文莱独立30余年来，根据国家和形势发展需要，对文莱内阁进行了多次改组。

第三，政府也开始愿意倾听公众呼声。在百姓心目中高高在上的政府，不再像以往那样不允许公众对其政策行为提出批评，而开始允许并且愿意听取外界对其决策及其行为的评判甚至指责，这在以前是不可能的。1999年，政府成立一个管理和服务部。一方面，公民可以通过这一机构来反映社情民意，另一方面，政府利用这一机构下辖的电视传媒向公众解释它的政策及其决策程序。2001年，文莱政府继续在社会生活中全面强化“马来伊斯兰君主制”的同时，加大反腐力度，重视解决失业问题。这些都表明文莱现行的政府管理体制正在出现与时俱进的调整，而这种调整对提高苏丹及其政府在公民中的威信和巩固现行政体，其意义不言自明。

综上所述，君主制是文莱“马来伊斯兰君主制”国家哲学的核心和归属。君主使得马来文化和伊斯兰信仰在文莱具体化了。与君主制有关的各种礼仪是文莱文化及其特性的表达。文莱的宪法没有对君主的权力设限，反而成为威权体制的护身符。在全球化进程日益加快以及各国政治民主化备受国际社会关注的今天，文莱的君主立宪政体及其运作方式无疑是比较独特的；而这种独特之处与其历史与文化传统难以分割，并且由于其经济和社会的和谐发展以及君主立宪政体的自身微调，而被文莱人民所接受甚至拥戴。这是文莱君主立宪政体的又一与众不同之处。

第二节　大力推进经济多元化

多年来，文莱的经济结构都面临着单一和过分依赖石油及天然气的问题。为实现经济可持续、健康发展，政府在着力推进经济多元化。近年来，非油气产业对文莱GDP的贡献率逐渐上升，但文莱经济结构性问题依然存在，过度依赖石油和天然气的问题未能得到根本解决。今后很长一段时间内，促进经济多元化仍将是文莱经济发展的重中之重。

一、独立以前的经济

17世纪，英国开始侵入加里曼丹。19世纪上半叶，英国确立了在文莱的殖民统治。1888年，文莱沦为英国的保护国，苏丹政权也因此变得徒有虚名。英国利用殖民地公司来实现其在保护国的商业利益，并且通过对经济资源的掌控来强化对文莱政治上的管束。英国殖民者在北加里曼丹一面进行前资本主义形式的掠夺，同时向那里输入资本。但在很长一段时期内，殖民者首先关注的，是掠夺那些在世界资本主义市场上畅销的原料商品。因此，北加里曼丹的经济结构，从一开始便具有典型的殖民地特征，而文莱则尤为显著。

文莱原是一个经济上贫穷落后的小国，有人称之为渔村。英荷壳牌石油公司从1913年起，就开始在文莱进行石油勘探活动，1927年在白拉奕区诗里亚镇发现石油后，文莱经济才有所改观。随着壳牌石油公司在文莱的石油勘探和开采活动的扩大，文莱逐渐形成为一种极其片面、畸形的单一殖民地性质的经济结构。除了石油工业部门外，其他产业部门均极其落后。在整个国民经济结构中，石油工业创造的产值占了绝大部分，而农业、制造业和第三产业等所占的比重却很小。

从20世纪50年代初开始至80年代文莱独立前，在英国“保护”之下的文莱苏丹政府开始制订以经济发展为主要内容的国家发展计划，试图对本国的经济和社会发展方向予以宏观指导，取得了一定的成效，但其殖民地性质的经济结构并没有根本改变。

1953年，文莱政府制定了第一个国家发展计划，这个计划规定的主要任务是进行一系列基础设施建设，以便为发展经济和提供社会服务创造有利条件。然而，由于各种原因，这个计划大多是一纸空文。

1962年文莱政府制定了第二个国家发展计划（1962—1966年）。该计划的发展目标仍是把基础设施建设放在首位，如努力改善电力、交通和邮电等基础设施。这期间，文莱的石油工业发展较快。1954年，英国壳牌公司在此兴建大型石油加工企业。1957年，壳牌公司开始探查海底石油。1963年在公海进行石油勘探，在文莱近海采用浮动钻探装置进行石油勘探，并于同年7月打出了第一批油井。公海上几处新油田的发现，为文莱石油工业的发展开辟了新的前景。1962年12月文莱人民的反英斗争对于重新审定以前同“文莱壳牌石油公司”所订协定，起了推动作用。起义领导人要求，应仿照近东和非洲各产油国政府同外国公司之间相互关系的原则，来建立文莱同外国石油公司之间的关系。1963年10月23日，通过了《1963年石油法案》，对勘探石油、租让油田、开采油田的租金等都作了具体规定。这个法规有两个非常重要的条款，一是对采油利润的分配作了重大调整，把以前文莱政府和“文莱壳牌石油公司”之间的四六分成改为五五分成。文莱政府由此增加了一笔可观的财政收入。另一重要条款就是取消了禁止非英国公司在文莱进行地质勘探活动的规定。这一法案为美国石油垄断组织渗入文莱开了方便之门。1964年3月3日，美国“克拉克石油采炼公司”同文莱当局签订了关于在都东地区勘探石油的合同。1964年，在安帕西南部一个地区发现蕴藏丰富的天燃气[①]。这一重要资源的发现及其开发，必将给文莱经济的发展注入了一个新的增长点。

第二个五年计划的实施，带来了经济的增长。这一时期，文莱经济的年均增长率为6.6%，比原计划高出0.6%。1967—1974年的八年间，文莱没有制定和实施任何明确的国家发展计划。这段时期的最初几年，其经济增长较为平缓。1970年，文莱的对外贸易总额达5.36亿文元。其中进口额占2.56亿文元，出口额为2.8亿文元。石油和天燃气是主要出口项目，占出口总值的90%左右[②]。1973年10

① 拉·维·叶法诺娃:《文莱：历史、经济和现状》，中山大学历史研究室译，北京：商务印书馆，1978年，第103-106页。

② 拉·维·叶法诺娃:《文莱：历史、经济和现状》，中山大学历史研究室译，北京：商务印书馆，1978年，第113页。

月世界石油危机爆发，国际市场油价猛涨，使得以出口石油为主的文莱的外汇收入急剧增加．经济发展速度骤然加快。1974年文莱经济增长率达到11.5%[①]。这就为制定和实施下一步发展计划提供了较为坚实的基础。

1975年文莱开始实施第三个国家发展计划（1975—1979年）。该计划的主要目标是达到高水平就业，通过促进农业和制造业的发展来实现经济多元化。计划投资12.13亿文元，其中5亿由政府拨款，其余由私营企业提供，计划经济增长率达到6%。建立多样化的经济，须投之以大量的资本，因此吸引外资加快产业结构调整，已是当务之急和明智之举。1975年，文莱颁布投资法令，该法令规定，根据投资项目可能带来的实际利益，决定给予适当的税务优惠。文莱工业和初级资源部据此划定10个项目工业及其相关产品为“先驱工业”和“先驱工业产品”。这10种“先驱工业”为：飞机食品、水泥、药品、铝制品、轧钢产品、化工产品、船务、软纸生产、纺织、罐头食品。对在“先驱工业”的投资者，根据下列不同金额，可从生产之日起，享受不同的免税优待：25万文元以下，享受2年免税优待；25万至50万文元，享受3年免税待遇：50万至100万文元享受4年免税；100万文元以上，有5年免税待遇[②]。同时，投资“先驱工业”的公司，进口建厂的材料、机械以及文莱没有的生产原料，可免缴关税。

第三个发展计划期间，由于国际石油市场价格持续上扬，而同期的天燃气资源又得到开发回报，使得文莱的经济形势持续看好，经济增长率大大超过预期，达到创纪录的14.92%。1979年，天燃气和石油的产值就占文莱国内生产总值的88%，政府的财政收入为23.8亿文元，出口创汇达57.9亿文元。其中39.3亿是原油出口所得，2. 86亿来自于石油产品，14. 8亿源于天燃气的出口。外汇储备达60亿文元。文莱成为当时亚洲人均收入最高的国家”[③]。

经济的发展带来了就业人数的增加。就业人数由1975年的5万人增加到1979年的6. 34万人。但是，该计划涵盖的经济多元化的目标远没有实现。除了具有现代工业水平的炼油厂和石油气化工厂之外，文莱的加工工业仍是由许多技术落后、半手工操作的小型企业组成，主要是对农产品和木材进行初级加工，生产食品、纺织品、铁器、木器以及国内所需的其他商品。席子、箩筐、民族服装、金

① 俞克敏、黄敏编著:《当代文莱》，成都：四川人民出版社，1994年，第76页。

② 刘新生、潘正秀:《和平之邦 一方乐土——出使文莱琐记》，南京：江苏人民出版社，1998年，第113页。

③ Graham saunders，A History of Brunei，Oxford University Press，2002，p165.

属器皿等物产的制作也十分普遍。其余部分产品，主要是传统的民族土特产也有出口，大部分产品则供当地居民消费。许多日常需要的商品尤其是粮食需要进口。农业在国内生产总值中的比重非升反降，即由1975年占国内生产总值的1.34%下降为1979年的0.86%；非石油矿业和非石油制造业在国内生产总值的比重也大大降低了，由1975年的1.19%下降为1979年的0.55%[①]。

1980年文莱开始实现第四个国家发展计划（1980—1984年）。这个计划明确提出了要以实施经济结构多元化、减少对石油和天然气的过分依赖作为国家经济发展的方向。它特别强调要发展以农产品和林产品为原料的加工业，也重视发展以非石油和非天燃气的矿物为原料的制造业，继续进行工业园区的建设。但由于国际石油市场价格的下跌和文莱石油产量的减少，加上独立前夕一些部门出现过度安排等因素，第四个发展计划也没有实现预期的目标，国内生产总值非但未实现预期增长，反而以年均4.44%的速度下降。

二、多元经济发展战略

1984年1月1日，文莱终于摆脱了英国近100年的殖民统治，宣布独立。政治上的独立为文莱民族经济的振兴注入了新的动力。由于石油和天燃气资源丰富，所以，独立后的文莱在经济上一直高度依赖石油和天燃气出口。但20世纪80年代中期后，国际原油市场价格波动较大，这对以石油出口为主的文莱经济产生很大的负面影响，而且由于已探明的石油储量可望在30～40年内开采完毕，所以。文莱政府逐步认识到仅仅依赖石油和天燃气资源来维持本国经济的发展不是长久之计。所以，从这一时期起，政府大力倡导发展多元经济，力求逐步增加非油气产业在国民经济中的比重。具体政策和措施有：

第一，将多元经济发展战略再次纳入国家发展计划之中。

文莱政府在制订第五个发展计划（1986—1990年）时，确定了积极鼓励外资进入，发展新的出口导向和进口替代工业；最大限度地、有效地利用国内资源、保持充分就业和提高生产发展水平等目标。为此必须重点发展农业、渔业、林业、消费品工业和服务业。据估算，为实施这个计划，需要投资55.06亿文元。其中26.1亿由政府提供，投资于公用事业、基础设施；21.49亿由私人资本

① 俞克敏、黄敏编著：《当代文莱》，成都：四川人民出版社，1994年，第77页。

提供，投资于石油部门；另外还有7.47亿由私人资本投资于非石油部门[①]。为确保第五个国家发展计划的完成，1988年11月，文莱成立工业和资源部，以加强对工业计划与资源调配的宏观指导。该发展计划的实施，取得了初步成效。到1990年，石油和天燃气在国内生产总值中的比重已下降到62.9%，非石油和天燃气部分所占的比例已达37.1%，其中制造业所占的比重已增加到1.7%。1991年，文莱政府又制订了第六个发展计划（1991—1995年），准备建立大约2000个小型工厂，重点发展建材、药物、化学、纺织、食品加工等产业。在1996—2000年第七个发展计划期间，政府希望通过发展出121导向性的非油气工业，来实现经济多元化。政府为此斥资72亿文元，重点发展社会服务、公共设施、交通和通信、工业和商业、公共建筑以及提供社会安全等[②]。而在第八个发展计划（2001—2005年）中，经济多元化战略得到进一步提升。电子信息产业和旅游业是政府尤为重视发展的项目。为此，文莱政府斥资9亿文元发展信息产业，建立电子政府和电子商务，为政府各部门、学校、社区中心、城乡居民等提供电子服务，目标是使其成为本区域内广泛使用电子的政府之一[③]。

第二，扶持私营经济的发展。

文莱的私营经济规模小且基础薄弱。一个重要原因就是公有经济无所不在，而且由于其良好的运作机制和工资待遇而吸引了大批劳动力，私营经济无力与之竞争。但文莱政府认识到，振兴经济必须重视私营经济的发展。原因是，首先，私营经济的发展有利于减轻政府对公有经济的过分依赖。由于石油价格受国际市场冲击较大，所以，政府财政收入的多少往往取决于不断变化的石油价格。其次，私营经济可以在诸如商品、服务业等方面大有作为，其灵活、务实等特点决定了它是一个国家经济中不可或缺的成分。最后，私营经济的发展可以在一定程度上缓解失业压力。尽管政府采取了一些旨在鼓励公司企业雇用当地劳动力以减少失业的所谓“文莱化”政策，并且在政府所辖部门和石油行业收到了一定的成效，但官方估计1999年文莱的失业率在4. 6%左右。这对政府来说，是一个不小的压力。为加快经济发展，文莱政府设立了国家经济理事会，对政府所属企业和公用事业实行私有化，以提高服务质量和办事效率，减少政府财政负担。2000年

① 俞克敏、黄敏编著:《当代文莱》，成都：四川人民出版社，1994年，第78页。

② http://www.brunei.gov.bn/government/plan.htm.2004-5-13.

③ http://bn.mofcom.gov.cn/article/200304/2003040085052-1.xml.2004-5-14.

8月，文莱又提出通过推动私营部门的积极参与，把文莱建设成为一个区域金融中心。文莱政府还逐步对一些一贯由国家垄断的行业如电力等部门实行开放，引进私人参与竞争。在较长时期内（2001—2020年）将电力服务局公司化”[①]。而电讯服务方面的私有化也被有选择地考虑和实施。在第八个发展计划中，文莱继续朝非石油工业领域挺进，其中60%的增长需要依靠私企的发展，中小型企业占了文莱国内私人企业的95%。为了协助国内的中小型企业发展，政府为他们提供培训、辅导，并计划设立行销中心。在该计划中，政府拨款70亿文元，另外再增加10亿文元作为特别经济拨款。其中3 100万元推出多项中小型工程，以促进国内中小型企业的发展[②]。通过推动私有化，实现文莱经济发展朝着由政府主导转向以民间为主导的方向发展。

第三，重视引进外资。

尽管国内资金比较充裕，但是为了发展进口替代工业和出口主导型产业，引进先进的生产技术和科学的管理经验，以加快本国经济结构调整，独立后的文莱采取了鼓励外资引入政策。首先是在税收方面给予优惠。规定对个人所得与资本盈利不征所得税，利润汇款不加限制，先驱企业享受5年的免税期。近年来，为吸引更多的外资，文莱政府对那些国家重点发展的项目实行免除企业法人税，时间可长达8年。免除设备、机械和文莱缺乏而急需的原材料进口方面的关税。其次，放宽投资领域。文莱政府鼓励外商参与化工、制药、制铝、建筑材料、钢材以及金融业等方面的投资，除了那些雇用当地劳动力和与国家食品安全有关的行业如农业、林业、渔业、食品加工业，须由当地企业投资30%以外，其他行业甚至允许外资占100%的股份，但森林与深海捕鱼两个领域暂不对外开放。然后，改善投资环境以提高对外资的吸引力。文莱政府通过与主要贸易伙伴签署双边投资保护协议和避免双重征税协定，以寻求解除投资障碍，提高投资者的信心。再次，为外商投资提供周到便捷服务。为加快外商投资效率，文莱简化外商投资建厂审批手续，在文莱工业和初级资源部内设立了“一条龙服务办公室”。该机构承担了审批外资参与工业项目的申请，进行有关优先投资领域的谈判和提供工业用地的便利等特殊任务。最后，组建招商团，走出国门招商引资。1990年3月，

① 宫占奎：《亚太地区经济发展报告——1999年》，天津：南开大学出版社，1999年，第八个五年计划，第39页。

② http://bn.mofcom.gov.cn/article/200304/20030400850521.xml.2004-5-14.

文莱首次派出它的第一个赴西欧经济代表团，成员包括文莱政府的高级官员和实业界知名人士。由文莱的工业和资源部大臣率领。其后又派另一个代表团赴“亚洲四小龙”招商引资。目前，在外国资本中，英资居首位。接下来是荷兰、日本和美国。投资项目主要在石油勘探和开采、天燃气液化工程及发电站等方面。近年来，文莱与东盟国家和香港建立了几家饮料和服装合资工厂。2000年引进外资总额11. 33亿文元。此外，文莱政府部门设有专门机构，组织企业参加展览会并提供一定的资助，目的是为企业扩大对外经贸合作提供平台。政府计划在第八个发展计划结束的2005年，引进外资达到44亿文元。主要投资领域为旅游、高科技、运输和转运站等[①]。

第四，积极发展旅游业，推动相关产业发展。

与东南亚其他国家相比，文莱的旅游业发展显得相对滞后。主要表现为旅游设施缺乏，游客人数少。1970—1976年间，到文莱的外国游客总计10 741人次，平均每年还不到2 000人次。近年来，旅游业是文莱政府除油气业外大力发展的又一产业。在经济发展局设立了专门的旅游机构，负责旅游部门的管理工作，该机构已编著出版了一部介绍文莱的通俗读物——《探索文莱：访问者指南》，向国外读者介绍文莱[②]。最近几年，赴文莱的外国游客人数大幅增加。1999年赴文的外国游客约128万人次。主要旅游景点有独具民族特色的水村、王室陈列馆、赛福鼎清真寺、杰鲁东公园等。2000年，政府加大对旅游业的投资，斥资2亿文元用于中、小旅游项目的建设，而银行也放贷2亿文元，支持旅游项目的基本建设。2000年文莱成为中国公民自费出国旅游目的地国。2010年赴文莱旅游外国游客达140万人次[③]。

第五，注意保护环境，走可持续发展道路。

文莱是个小国，但确实是世界上少有的幸运之邦。它不仅有丰富的石油和天燃气资源，而且有大量的森林资源。文莱政府重视森林资源的保护。文莱现有11个森林保护区，面积为2 277平方千米，占陆地面积的39%，其中86%为原始森林。文莱有五大类森林：即沼泽林、混合林、热带森林、山地林及灌木林。文莱工业与初级资源部属下的森林局除制订了严格的保护森林政策外，还拟订了多

① http://bn.mofcom.gov.cn/article/200304/2003040085052-1.xml.2004-5-14.

② 俞克敏、黄敏编著:《当代文莱》，成都：四川人民出版社，1994年，第101页。

③ Graham saunders，A History of Brunei，Oxford University Press，2002，p197.

项造林计划，并开辟部分森林地带作为本国人和外国游客旅游与休闲的公园。淡布伦国家森林公园是文莱诸多森林保护公园中最大的天然公园，占地面积近5万公顷。整个森林保护区面积500平方千米。文莱森林保护区分为五类：即保护森林区、主要保护区、次要保护区、再生森林区和森林生产区。文莱限制森林砍伐和原木出口，实行以保护为主旨的森林管理政策，林业收入只占国内生产总值的0.15%。为走可持续性发展道路，除现有林区外，文莱计划在今后30年内还要造林3.5万公顷[①]。

三、步入区域经济一体化轨道

1992年10月，为了促进区域经济发展，菲律宾总统拉莫斯在文莱召开的东部东盟国家首脑会议上提出“东盟东部成长区”（East ASEAN Growth Area，简称EAGA）的建议。该成长区包括文莱、印尼的加里曼丹、苏拉威西、马鲁克和伊里安查亚，马来西亚的沙巴、沙捞越、纳闽岛，菲律宾的棉兰佬和巴拉望，涉及四国。因此，英文又缩写为BIMP-EAGA。经过多次磋商，1994年3月，四国外长就成立“东盟东部成长区”问题达成共识，并签署备忘录。四方一致认为，成立成长区的目的在于推动成长区内贸易、投资、旅游、农业、渔业、能源、交通、通讯以及其他工业基础设施的发展，促进区域经济一体化。文莱政府积极响应这一倡议，并对东盟东部成长区的发展前景持乐观态度。为此，文莱积极在各个领域作出努力。文莱希望在成长区概念下，恢复昔日的辉煌。文莱希望利用其处在成长区内有利的地理位置，发挥地区贸易中心和交通中心作用，成为该地区经济发展的“门槛”和进入世界市场的“桥梁”，并藉此推动本国经济多元化的发展。自1994年7月文莱接任东盟常任主席国后，文莱更加积极地投入实施“东盟东部成长区”概念的各项发展工作，而且成果显著。具体步骤为，一是加强与其他三国的高层互访，为经贸合作牵线搭桥。1994年6月，文莱工业与初级资源大臣拉赫曼率经贸代表团访问马来西亚，与马方签署了经贸合作备忘录，成立了两国商业理事会，同意两国在农业、交通和通讯设施、工业发展、服务业、人力资源开发等五个领域进行合作。同年8月，菲律宾总统拉莫斯第二次对文莱进行成功访问。这次访问成果丰硕。两国签署了一揽子经贸合作协定，如经贸合作备

① 刘新生、潘正秀：《和平之邦 一方乐土——出使文莱琐记》，南京：江苏人民出版社，1998年，第132–135页。

忘录、两国航空协定、两国捕鱼合作备忘录、两国旅游合作备忘录；两国还同意进行深海捕鱼合作，联合公司总部设在文莱；成立两国商业理事会等。至于文莱与邻近的马来西亚沙捞越以及沙巴两州之间为加强经贸合作的交往与互访更是日渐增多。二是为适应成长区发展，文莱加强其基础设施建设，重建扩建港口，提高效率。1994年5月，在穆阿拉港开辟自由贸易区。港口转运、装卸作业实行私营化，港口服务工作时间延长等，使穆阿拉港口成为更具有竞争性、快速安全的港口，从而使文莱成为成长区贸易运输中心。三是扩大航空服务业务。文莱皇家航空公司先后与成长区其他三国签署航空备忘录或协定，并正在筹建"国际航空城"，其中包括建设一个现代化机场大楼、购物中心以及娱乐综合服务设施，以提高接待能力和服务质量，使文莱成为成长区空运中心。四是为提高文莱通讯效率，文莱实行通讯业务私有化，采用先进的国际通讯网络，增设公用电话，降低国际电话收费标准，使文莱成为成长区通讯中心。五是为扩大文莱的影响，1995年11月，文莱成功举办了首届东盟东部成长区博览会。这次博览会的口号是"衔接全球市场"。为举办好本次博览会，文莱政府做了精心的准备工作。首先派出代表团分赴成长区成员国，开展宣传促销活动；其次，政府斥资190万文元兴建一座多功能厅；第三，除邀请成长区成员国厂商参加这次博览盛会外，还邀请来自巴基斯坦、伊朗、阿联酋、泰国等国厂商参加。这是文莱历史上规模最大的一次国际博览会。这次博览会对宣传文莱、促进文莱与成长区其他成员国以及亚洲其他国家的经贸往来，发挥文莱在地区性事务中的作用，有着积极意义。由于文莱在建立东盟东部成长区的杰出表现，文莱争设成长区常设秘书处的愿望已于1995年底在文莱举行的成长区成员国部长级会议上获正式批准"[①]。"自1996年起，一个使文莱成为东盟东部成长区商业和旅游业中枢的更加宏大的计划浮出水面。同年10月，文莱发展部常任秘书马来·阿里把文莱看作是联系世界与东盟东部成长区的一个桥梁"[②]。11月19日，设在文莱工业部旧大厦内的东盟东部成长区商业理事会常设秘书处正式对外开放，文莱免费提供办公地点和一半运作费用。

此外，作为APEC一员，文莱积极融入亚太经济一体化进程，在更广泛的范

① 刘新生、潘正秀:《和平之邦 一方乐土——出使文莱琐记》，南京：江苏人民出版社，1998年，第140-143页。

② Graham saunders，A History of Brunei，Oxford University Press，2002，p196.

围内为文莱经贸发展创造良好的外部环境。2000年11月，文莱成功主办了第八届亚太经合组织领导人非正式会议。2001年，作为东盟轮值主席国，成功主办了第七届东盟领导人会议和10+3领导人会议。2013年10月，作为东盟轮值主席国，文莱又成功主办了第八届东亚峰会。

四、经济现代化进程中存在的问题

综上所述，独立以来，文莱的多元经济发展战略是明确的和持续的，并取得了一定的成效。近年来，除了1998年亚洲金融危机带来经济负增长外，文莱的经济保持持续4.2%增长。1996—2000年中，经济增长率为1.2%，2002年为3%。文莱成为当今世界上最富裕的国家之一。但应该看到，文莱的经济发展仍然面临诸多挑战。

首先，尽管文莱政府采取了一系列发展多元产业的措施，但以石油和天燃气资源出口为主的经济结构模式短时期内难以发生实质性的转变。

经过多年的不懈努力，文莱非油气工业取得一定的发展，其产值占GDP的比例不断提高。1980年为16.3%，1990年为37%，2001年则上升为46.5%，而油气业所占比例则由20世纪80年代的83.7%下降到2001年的53.5%[①]。但这主要是由于石油产量下降和石油价格下跌以及文莱的海外投资收入增加所造成的，而不是由于农业、制造业等其他产业有什么大的发展。文莱在产业多元化方面所取得的成效并不显著，其主要原因不在于资金，而在于文莱不仅缺乏技术人员，也缺乏一般的劳动力。文莱本国公民，特别是占人口大多数的马来族公民普遍愿意去待遇优厚且较清闲的管理部门或一些事业单位，而不愿意去制造业、农业和渔业等生产性部门工作，更不愿投身私营企业。而另一方面文莱又对外来移民严加限制，担心移民会破坏环境和引发社会问题，如影响文莱马来人的主体地位等。此外，文莱基础设施不足，工资水平过高，国内市场有限等，使得外资主要投向石油和天燃气部门，而投向其他生产性行业的则比较少。尽管政府为此采取了降低工资，提供职业技能培训以及把私营企业与国有企业同等对待等措施，但收效不大。

其次，国民经济的主导产业即油气工业主要掌握在外国垄断公司手中。这一

① http://bn.mofcom.gov.cn/article/200304/2003040085052-1.xml.2004-5-14.

局面使得文莱政府在宏观经济调控方面的能力受到限制。文莱自从有了石油工业后，原油生产一直被英荷壳牌石油公司控制。该公司在文莱有5家子公司，即文莱壳牌石油公司、文莱液化天燃气公司、文莱壳牌油船公司、文莱冷气公司和文莱壳牌销售公司。这些公司几乎包揽了文莱的油气勘探、开发、储运、炼油和原油贸易等方面的一切作业和业务。参加文莱油气勘探活动的还有美国克拉克石油公司、阿莫科公司和法国的埃尔夫公司，还有马来西亚国家石油公司。日本的三菱集团参加了文莱液化气厂建设[①]。这些跨国公司对文莱主要经济部门的垄断，在某种意义上，是对文莱民族经济主权的一种损害。

第三，出口产品结构和出口市场较为单一。文莱主要出口原油、石油产品和液化天燃气，进口机器和运输设备、工业品、食物、药品等。主要贸易对象在亚太地区，尤以日本、泰国、韩国等国为主。这就使得文莱的外向型经济易受国际市场的影响，而本身又难以抵御外来风险的冲击，所以，在竞争激烈的国际市场，文莱的利益难以自保。此外，由于自身经济实力有限，无论在东盟内部还是在亚太经合组织中，文莱都处于一个较为边缘的地位。在事关局部或全局利益问题上，它往往被动接受别人的安排。

所以，文莱政府还需把进一步调整经济结构，实现经济多元化作为可持续性发展战略的核心；要改革现行管理体制，提高服务意识；加快实现国有企业股份化和民营化；大力鼓励中小型企业的发展；改善投资环境，鼓励外资投入；重视人力资源开发和培训；加大对电子信息产业、金融业、农业及其他基础设施建设的投入等。以提高自身的经济竞争力，去迎接各种挑战，使文莱继续享受和平与繁荣。

五、今后几年的经济发展规划

在文莱的十五计划（2011—2015年）中，石油及天然气工业拟定了总体规划，以吸引外来投资，为中小型企业创造商机。文莱继续朝非石油工业领域持续挺进，而其中60%的增长需要依靠私企的发展，中小型企业占了文莱国内私人企业界的95%，但文莱国内市场太小，如果单靠国内市场，根本无法使文莱的经济在短期内取得较大发展，为了协助国内的中小型企业发展，政府为他们提供培训、辅导，并计划设立行销中心。

① 童晓光、关增森：《世界石油勘探开发图集——亚洲太平洋地区分册》，北京：石油工业出版社，2001年，第138页。

文莱政府正采取各种措施，逐步减少各种福利性补贴以及减轻政府的财政负担，对国有企业实行股份化和民营化，大力鼓励民间中小企业的发展。

（一）文莱企业所得税2015年将下调至18.5%。

为促进国内经济发展及投资意愿，进一步推动国内非油气产业和中小企业发展，业经文莱苏丹批准，文莱企业所得税率2015年将进一步下调至18.5%，在东盟地区属较低税率。2008年，文莱企业所得税率为27.5%，后连续几次下调至20%。此外，为提升国内企业竞争力，文莱政府还规定允许先进资讯技术或设施资金、本地人员聘请及本地员工培训经费等支出均可从公司税收入中抵扣。

（二）加强基础设施建设，加大对民生的投入，和增加就业以刺激经济的增长。

根据文莱十五发展计划，斯里巴加湾市（BSB）总体规划可获资助。政府会继续对那些有助于经济发展和改善民生的项目优先给予资助，比如BSB总体规划。该项目的实施，不仅能美化城市还有助于经济发展；卫生部拟投资6300万美元用来在“文莱王后医院”建设妇女和儿童医院大楼；政府提出2014—2015年度教育支出将增长1.5%，从原来的1165万美元，增长到7707万美元，预算主题是“推动经济增长，创造就业机会”；预算支出将集中在以下四个方面：加强教育和培训、刺激投资、提高国家生产力和福利；2014年政府在石油和天然气行业寻找3000个就业机会，这一行动符合本国的商业开发框架，其目的是为了增加当地工人在石油和天然气行业的就业率；实施工业设施计划，通过500万元的贷款协助中小企业的发展。其他协助发展本地企业的包括金融巨额贷款计划和进出口计划。各项有关计划如证书计划，标准品管将协助本地中小型业者达到所设的目标。透过参加商业展销会促销和市场服务将协助促销中小型企业的产品。

除此之外，本地企业发展计划为协助本地具有潜能的公司提高竞争力和海外发展，文莱信息与通信技术产业管理局也提供相关的计划，其中包括信息通讯技术（ICT）技能计划，本地ICT企业发展以及电子媒体，为每家公司提供高达25万元的拨款经费。计划在第十个国家发展规划下拨出1亿文元协助发展文莱中小企业；此外，配合需求，政府也为符合条件者提供金融贷款计划。目前有几个政府机构正积极实现本地企业计划，其中包括文莱经济发展局致力协助本地人创业，并提供高达5万元的资助。政府在十五规划期间每年增加2.5亿美元，使私营企业工人和公共部门工人享受同样的福利津贴，该政策旨在鼓励人们向私营部门就业。现在，政府每年在公共部门工人福利上支出约2.5亿美元，如果这个举措推广到私人部门，则费用可能会增加一倍。

文莱经济经过1997年的亚洲金融风暴的冲击后目前已开始复苏，在文莱十五计划下，其国民生产总值年均将增加5%～6%。并将积极朝非石油工业领域努力，重点是旅游业、纺织业、信息业和工业。十五计划中政府拨款140亿文元，另外再增加100亿文元作为特别经济拨款。其中3亿元推出多项中小型工程，以促进国内中小型企业的发展。

十五计划政府拨款18亿文元发展信息业，建立电子政府和电子商务，为政府部门、学校、社区中心和回教堂及城乡居民提供电子服务，目标是使之成为本区域率先广泛使用电子的政府之一。现在文莱95%以上的家庭有电话，90%有手机，但只有50%的家庭上网。电子化的文莱将最广泛地使用互连网作为沟通、经商、教育、卫生、理财的主要工具。为减轻政府负担，同时也为提高服务质量，电力局等政府部门将企业化，鼓励私人界参与电力服务，十五计划拨出10亿文元发展电力服务，该预算占总预算的7.26%。

文莱目前虽然没有转口贸易，也没有足够的国际金融方面的人才，但有丰富的石油和天然气、稳定的政治环境，和谐的种族关系，没有外债、外汇储备丰富。文莱没有个人所得税、销售税、外汇管制等，在中心注册的岸外公司不须缴纳公司营业税。文莱有完善的英国普通法系统，以及中心应该具备的国际法规。有良好的基础设施、优越的地理位置、便利的交通和宜人的环境，因此有条件成为国际金融中心，吸引外资不是比较富裕的文莱的唯一目的，这个马来伊斯兰教王国更要借此培养国际金融人才和创业的企业家，文政府现在正致力于把文莱建设成为国际金融中心。

（三）改善投资环境，提高对外国投资的吸引力。

文莱政府通过与主要贸易伙伴签署双边投资保护协议和避免双重征税协定，以寻求解除投资障碍，提高投资者的信心，其制定的鼓励投资措施，目标是改善投资环境，简化手续，减少审批时间，对于出口型、高科技等企业，进口所需的原材料免关税，文莱工业和初级资源部根据鼓励投资法令，划定十个项目工业以及这些工业所生产的产品为“先驱工业”或“先驱工业产品”，如轧钢厂、玻璃工业、造纸厂等，可以在一定期限内免缴 30%公司税，根据投资额多少，享受不同免税期，可免缴公司税2～8年。但不能独资，须和马来人合资，文方拥有

51%的股权。森林和深海捕鱼领域不对外开放。但对于高科技制造业和出口导向型工业投资可以独资，进口的相关机械、原料、配件等享受免税。文莱投资由工业和初级资源部工业发展局管理。政府在第八个五年计划结束的2005年时，希望能够获得44亿文元的外来投资。主要领域为旅游、高科技、运输和转运站。

外国公司特别是国际知名的跨国公司，利用技术、资金、人才和品牌的优势，顺应文莱政府经济发展的战略定位，同文莱政府合作开发文莱特有的自然资源如石油、天然气、渔业等，如荷兰壳牌与文莱政府合资成立的文莱壳牌石油公司在开发文莱的油气资源方面已形成先入为主的、长期和稳定的合作关系。且由于其合作领域为文莱国家经济命脉，因此意义重大、影响深远。

文莱政府部门设有专门机构，组织文莱企业到国外参加展览会并提供一定的资助。对需要引进外资的基础设施项目，文莱有关政府部门也走出国门招商引资。文莱在海外投资方面的做法：一是政府决策的国有资金的对外投资，二是企业自主决策、政府放任自流的民间对外投资。

（四）制定2035年远景规划，更好地解决经济可持续发展问题。

在1986—2005年间实施的前四个五年计划中，文莱发展重点主要集中在：改善人民生活、国家资源的最大经济利用、发展非油气产业、加快人力资源开发、保证就业、控制通货膨胀、构建和谐自力社会、鼓励培育马来民族成为工商领袖、廉政建设等方面。经过二十年努力，文莱在改善人民生活、控制通货膨胀和廉政建设上已经取得重要成绩，但在资源利用、人力资源开发、充分就业、提高生产力等方面，成绩不大。在发展非油气产业、构建和谐自力社会、培育马来民族成为工商领袖等方面，成果不理想。同时在第八个发展计划（2001—2005年）中，文莱实际GDP增长只有2.1%，远远低于计划的5%～6%目标，低于同期（2000—2004年）全球3.8%的经济增长，也低于同期东盟的5%的经济增长速度。

为了更好地解决经济可持续发展问题，文莱首相府于2008年1月19日公布《文莱达鲁萨兰国长期发展计划（2035年远景展望）》，提出了远景三大奋斗目标：到2035年，拥有最高国际标准衡量的受过良好教育和技术熟练的人民；人民生活质量进入全球前十列；充满活力的可持续发展经济，人均收入进入世界前十列。为实现这些目标，文莱将实施由八大战略构成的国家战略部署：教育战略、经济战略、安全战略、机制发展战略、本地企业发展战略、基础设施发展战略、社会保障战略和环境保护战略。

总之，文莱政府为摆脱经济过分依赖石油、天然气而采取了一系列的刺激政策和措施促进经济多元化的发展，已经取得了初步的成效。

第三节　积极开展全方位外交

1984年1月1日独立后，文莱从本国实际出发，积极利用各种有利条件发展对外关系。在政治交往中，广泛参与各种国际组织和地区性组织，发展与世界各国的友好关系；在经济层面上，利用本国的资源优势扩大与世界各国的经济往来；同时加强与穆斯林世界的友好交往，从而在国际交往中获得主动，维护国家利益。

一、依托国际和地区组织拓展政治外交

文莱特别重视联合国等国际组织和东盟等地区型组织的作用。在国际上，文莱通过加入国际组织、寻找强有力的伙伴以及支持那些承认弱小民族国家独立和权利的政策来获得安全[①]。在文莱看来，加入这些组织对其发展有着至关重要的作用。作为一个小国，只有加入具有影响力的国际组织和地区性组织，加强同这些组织的友好相处与合作，利用集体组织的力量才能在国际交往中求得立身之处。因此，文莱积极参与各种国际和地区性组织的活动，在此框架内利用本国的经济优势，通过筹划和举办国际或地区性的会议来提升小国的作用和影响力，从而引起国际社会的关注和认同，维护本国的利益和尊严。

（一）依托联合国拓展国际政治外交

文莱非常重视联合国的作用和影响，在独立后不久便加入了联合国并成为第159个成员国。文莱苏丹博尔基亚指出："联合国的集体力量是我们小国的希望。对于我们小国来说，我们比其他国家更需要联合国为维护和平与安全而行使道义上的劝导性的权威"[②]。文莱国小地狭，资源丰富，很容易受到其他国家的觊觎，加之处在东南亚地区，政治环境复杂，单靠自身的力量很难在国际交往中处于有利地位。文莱相信只有融入联合国并利用联合国的力量，才能使自己不被强国欺凌。苏丹指出"联合国是发展中国家的保护伞，发挥着平衡发达国家和不发达国

① Graham saunders, A History of Brunei, Oxford University Press, 1994, p178.

② 刘新生、潘正秀:《列国志·文莱》, 北京: 社会文献出版社, 2005年, 第207页。

家利益之间至关重要的作用”[①]。文莱认为，在联合国的框架下，它既能增强与世界各国的交流与合作，扩大自身的影响力，也能使自己的政治、经济和安全受到国际社会的关注与保护。所以，文莱积极与联合国的一些专门机构进行合作，例如：联合国儿童基金会、联合国环境计划署、联合国发展计划署、世界卫生组织、联合国教科文组织等[②]。在文莱看来，加入这些组织就是希望利用联合国的这些附属机构的力量尽可能地保护其国家利益，最大限度地争取有利于本国发展的国际环境。文莱鉴于小国的意见在联合国容易被忽视的现状，支持联合国改革并呼吁改革应该“多倾听中小发展中国家的声音”[③]。这些都反映了文莱重视联合国的作用和对自身存在与发展的关注。由此可以看出，文莱正是利用联合国在国际社会的地位和影响力，将自身的政治、经济和安全置于联合国及其附属组织中，使自身在国际社会中占有一席之地，从而实现国家利益的最大化。

（二）依托东盟拓展本地区政治外交

文莱非常重视东盟的作用，认为东盟是保持东南亚地区安全与稳定的可靠支柱，因而把发展与东盟的关系视为自己的外交基石。文莱在东盟内部起着积极的作用并且清楚地把东盟看作该地区稳定的力量和促进地区合作的一种方式[④]。自独立后，文莱先后加强了与邻国新加坡、印尼的关系，改善了同马来西亚的交往，巩固了在独立前就与泰国建立起来的外交关系，进一步发展了与菲律宾之间的友好关系；1992年，文莱又与越南建立了大使级外交关系[⑤]。为加强东盟各国的合作，文莱采取主动行动，利用自身的经济优势积极筹划和举办东盟框架内的各种会议和活动，利用会议发言、会晤各国领导人等方式使东盟各成员国能够听到文莱的声音，关注文莱的作用，从而增强文莱在东盟的影响力。如1991 年2月，文莱外长表示支持菲律宾建立一个东亚经济组织的建议。1992 年1月，文莱苏丹出席了在新加坡举行的第四次东盟国家首脑会议，他在会上倡议签订关于经济合作的协定和建立东盟自由贸易区的协定，并提议把东盟和大国每年举行的对话会议当作讨论地区安全问题的论坛[⑥]。文莱在2001 年作为东盟轮值主席国，成

① 刘新生、潘正秀:《列国志·文莱》，北京：社会文献出版社，2005年，第207页。

② http://www.mfa.gov.bn/foreignpolicy/unitednation.htm，2009年4月5日。

③ 刘新生、潘正秀:《列国志·文莱》，北京：社会文献出版社，2005年，第208页。

④ Graham saunders，A History of Brunei，Oxford University Press，1994，p178.

⑤ 骆莉:《冷战后文莱的对华关系与政策》,《东南亚研究》，2000年第4期。

⑥ 俞克敏、黄敏编著:《当代文莱》，成都：四川人民出版社，1994年，第123页。

功主办了第七次东盟领导人会议和东盟“10+3”领导人会议；2002年成功主办了第九次东盟地区论坛外长会议。此外，文莱还利用各种庆典活动邀请各国政要参加，如苏丹博尔基亚60岁生日时就邀请了菲律宾总统阿罗约等多位东盟国家领导人出席，利用这些活动增进文莱与东盟各国的关系，提高了文莱在东盟内部和国际社会的地位。

文莱坚持东盟应该作为一个整体，大力加强内部的合作，在此基础上来开展与世界各国的交流与合作。文莱推行“大国平衡”战略，实行“和平、自由、中立”[①]的外交原则，如文莱对于东盟与中、日、韩领导人非正式会晤表示欢迎，认为这样对于促进地区合作、维护地区间的和平与稳定具有十分重要的意义。文莱在处理外交争端上往往以东盟为依托，将自身置于东盟的框架下与他国进行交涉。文莱还通过参与东盟的活动，增强了其在东盟内部的地位和影响力，协调了东盟内部的关系，也增加了其在对外交往中的筹码和底气，使文莱得以在东盟的集体安全机制下获得良好的外部环境，从而保障文莱的安全和政治利益。

（三）依托其他国际组织拓展多方位政治外交

除了联合国和东盟以外，文莱还积极加入其他具有影响力的国际组织并参与其中的活动。

文莱与英国有着传统的联系，在独立的当日就加入英联邦并成为第49个成员国。自从加入了英联邦后，文莱积极参加英联邦政府首脑会议。通过参加这些会议促进了同英联邦各国的友好关系，提升了文莱在英联邦内部的影响力。文莱在会议上积极地阐述自己的观点，例如文莱苏丹1999年在德班举行的英联邦政府首脑会议期间指出，全球化的趋势将席卷所有的国家，文莱也不例外，问题的关键是怎么从全球化中获得最大的利益化，而不是怎么从全球化中寻求保护[②]。文莱积极参与英联邦技术合作基金、英联邦科学委员会、英联邦学术委员会的活动，从中获得了在贸易、工业和人力资源发展等方面的利益。通过参与英联邦的活动，文莱促进了自身政治和经济的发展，获得了自己所需的利益。除此之外，文莱还积极参加不结盟运动，它认为参加不结盟运动是提高国际地位的重要方面，特别是在高层峰会和外交会议上可以加强与许多国家的联系，从而可以在安全和经济领域与各国分享共同利益。文莱积极参与其中的活动，并在2000年参

① 陆建人主编：《东南亚的今天与明天》，北京：经济管理出版社，1999年，第6页。

② http://www.mfa.gov.bn/foreignpolicy/commonwealth.htm，2009年4月5日。

与其中的两个项目。

除以上组织外，文莱还加入了亚洲合作对话、亚洲中东对话、东亚与拉美合作经济论坛等地区性组织。2000 年，作为东道主，文莱成功地举办了第八届亚太经合组织领导人非正式会议，会议期间，文莱充分利用这次机遇，举办各种商业论坛，让世界充分了解文莱。另外，文莱还主持了2008 年的亚洲旅游业商务论坛。这些都极大地提升了文莱的国际影响力。

由此可以看出，虽然是个小国，但文莱重视各种国际和地区性组织的作用，积极参与其中，利用各种方式让世界各国能够看到文莱活动的身影，听到文莱的声音，从而使文莱可以在国际交往中不被忽视，保护了自身的利益。总的来说，文莱通过积极的外交策略，使自己依附在国际和地区性组织的框架内，基本上维护了本国的利益，促进了经济的发展，增强了对外交往的话语权。

二、依托自然资源优势发展经济外交

文莱是东南亚地区的主要产油国和世界主要液化天然气生产国，在东南亚地区是仅次于印度尼西亚的第二产油国。石油和天然气的生产和出口是国民经济的支柱，占国内生产总值的58%和出口总收入的96.7%[①]。虽然文莱也在大力发展多元经济，但是占其经济主导地位的依然是石油、天然气等自然资源。文莱正是利用自身的资源优势来发展经济外交的。

（一）利用自然资源和区位优势发展与东盟各国的经济关系

文莱特别重视与东盟各国发展经济关系。文莱对来自于东盟内部的93%以上的产品的关税均降到5%以下甚至是零[②]。文莱十分重视与新加坡的关系，两国的经济互补性很强。文莱向新加坡输送石油天然气，而新加坡向其提供完善的技术支持，两国在金融和贸易方面也有很多的合作，根据两国之间的协定，文莱元与新加坡元可按相等面值自由兑换，虽然文莱元在国际金融市场的价格现已稍稍高出新加坡元，但这项协定仍未修改[③]。在贸易方面，新加坡是文莱在东盟各国中最大的贸易伙伴，是向文莱出口最多的国家。文莱与新加坡的经济合作，也促使新加坡前总理李光耀多次访问文莱，并与文莱苏丹建立了私交。文莱与泰国、印

① 马金案:《文莱政局稳定 经济持续发展》,《东南亚纵横》, 2004年第3期。

② www.philexport.ph/policy/wto/businessbriefingovol19-tpr-brunei.pdf.

③ 金湘:《腾飞的东盟六国》, 北京：时事出版社，1995年，第267页。

尼、菲律宾保持良好的经济往来，与马来西亚在20世纪60—70年代虽然关系一度紧张，但现在两国的经济交往也越来越频繁了。由于文莱经济实力雄厚，使得它有能力利用经济优势对东盟邻国进行援助。如在1998年亚洲金融危机中，文莱就“分别向泰国、马来西亚、印尼提供了5亿、10亿和12亿美元双边贷款援助”[①]，以解这些国家的燃眉之急并密切了与这些国家的经济关系。

文莱在经济发展中特别重视“东盟东部成长区”的发展。1994年3月，在菲律宾达沃召开的东盟部长会议上建立了包括文莱、印度尼西亚、马来西亚和菲律宾在内的“东盟东部成长区”（East ASEAN Grouth Area）[②]。该成长区涵盖了文莱、印尼的加里曼丹、苏拉威西，马来西亚的沙巴、沙捞越、纳闽岛，菲律宾的棉兰老岛和巴拉望岛等地区。同年11月，上述4国代表签署了成立“东盟东部成长区共同协定”。该协定规定，在开发丰富的鱼类资源、森林资源、发展旅游业方面进行自由的合作；建立一个活跃、自由的贸易大市场，除国家规定的违禁品外，其他商品都可以在这个市场上进行自由交换与竞争[③]。4国建立成长区的目的是为了便利人员和物资的流动，扩大市场规模，共同分享基础建设和自然资源，以此来促进地区内的经济合作和贸易投资。在东部成长区中，文莱利用自身的经济优势和地理优势，积极开展东部成长区的各项活动。文莱把海上和空中的枢纽中心、基础建设和原料供给作为其优先发展的重点。由于文莱的积极努力，1995年10月底在文莱举行的成长区成员国部长会议上正式批准在文莱设立成长区常设秘书处。文莱在东部成长区的地位和作用得到了重视和加强。文莱在利用自然资源优势的同时，也在大力发展多元经济来摆脱对石油、天然气等不可再生资源的依赖。例如，2007年，在菲律宾召开的第三次高层会议的领导人就把重点放在成长区联合发展可再生能源产品上，特别是生物燃料的开发和利用。

（二）利用石油资源发展与东盟以外各国的经济关系

作为文莱的前宗主国，英国与文莱的经济往来最为密切，文莱苏丹与英国王室和英国政府一直保持良好的关系，苏丹博尔基亚也经常以私人身份到英国逗留，因为他在英国有多处房产[④]。英国资本在文莱的外资中居首位，投资项目主

---

① 马金案、黄斗：《文莱国情与中国文莱关系》，北京：世界知识出版社，2008年，第198页。

② http://www.mfa.gov.bn/economiytrade/bimpeaga.htm，2009年4月5日。

③ 陆建人主编：《东南亚的今天与明天》，北京：经济管理出版社，1999年，第87页。

④ 俞克敏、黄敏编著：《当代文莱》，成都：四川人民出版社，1994年，第133页。

要在石油勘探和开采、天然气液化工程及发电站建设等方面，在贸易方面，英国向文莱出口的商品仅次于新加坡而居第二位[①]。1913年，英国壳牌石油公司开始在文莱进行石油勘探，并于1929年在诗里亚地区开始开采活动。文莱的石油勘探和开采便与壳牌石油公司联系起来了。现在的文莱壳牌石油公司是文莱国内最大的石油公司。

文莱十分重视与美国的关系。早在1988年，文莱政府就给予美国3家石油公司特许权，让其勘探文莱近海一处9万公顷海域的石油。2002年12月，文莱苏丹访美期间与布什总统举行了会谈，双方发表了联合声明并签署了《双边贸易投资框架协定》[②]。2013年3月，文莱苏丹哈桑纳尔访问美国。访问期间，苏丹与奥巴马举行了会谈，探讨文莱作为东盟轮值主席国举办东亚峰会和美国—东盟峰会相关准备工作情况，双方还就如何推动TPP谈判交换意见。文莱与美国的经贸关系也较为密切。目前文莱28%的出口原油输往美国。美国不仅是文莱石油出口的重要市场，也是文莱进口货物的第4大供应国。2013年双边贸易额5.51亿文元。此外，文莱与美国在军事上开展了密切的合作，美国每年都在文莱举行代号为“翠鸟”的军事演习。两国在航天航空、高新技术方面的合作非常引人注目。

文莱与东亚的日本、韩国的经济关系也多在石油、天然气的出口和工业品的进口上。日本是文莱最大的贸易伙伴之一，两国年贸易额为15亿美元左右，但文莱在与日本贸易中有大额顺差。日本向文莱出口主要是汽车与机械产品；文莱向日本出口主要是石油与液化天然气，文莱石油产量的19%出口日本。2011年8月，日本三井集团在文莱投资28亿美元建设天然气下游综合产业基地。三菱集团正筹划在文莱设立化肥厂、生物制药厂和太阳能电站3个项目，增大对文天然气领域以外的投资，广泛参与文经济多元化发展。此外，日本还给文莱提供技术合作，每年派数名专家赴文莱工作，并为文莱培训一百余名人员。

与韩国之间的贸易发展迅速，目前，韩国是文莱重要的贸易伙伴和油气出口国，韩国所进口的石油占文莱石油产量的15%。2011年韩文双边贸易额已升至26亿美元，且韩已发展成仅次于日本的文第二大出口贸易伙伴。2012年12月，韩国现代重工获得总额10.5亿美元建造液化天然气运输船合约，其中包括为文莱天

① ［文莱］伊斯梅尔·杜拉曼、阿达尔·阿米·约·哈希著，徐斌译：《文莱：以自己的方式发展》，《南阳资料译丛》，2000年第1期。

② 刘新生、潘正秀：《列国志·文莱》，北京：社会文献出版社，2005年，第243页。

然气公司建造一艘价值2.1亿美元的天然气运输船，预计2015—2016年间交货。不仅如此，韩国在文莱的建筑业中有大量投资，还参与文莱的小型农业开发项目。近年来，文莱和韩国在科技、教育方面的合作也开始崭露头角。2012年6月28日，文莱大学与韩国京畿道科技推广研究所签订谅解备忘录，双方将进行商用医药和健康产品研发合作。

文莱与南亚大国印度的关系也很密切。1984年5月10日两国正式建立外交关系。1993年，文莱和印度在对方首都开设了大使馆，文莱则将其原先派往新德里的常驻代表升格为大使级代表。1995年2月，文莱和印度成立了双边联合会议机制，加强两国间的合作。近年来，双方经贸合作开始起步，2000年两国贸易额超过3000万美元。2004年，印度石油公司和文莱壳牌石油公司签署合约，印度计划当年从文莱进口原油360万桶，相当于每天1万桶。2011年文莱印度双边贸易额达到5亿美元，其中文莱对印度石油出口占90%。印度向文莱出口纺织品、车辆组件和少量油田用材料。2012年10月，印度外长访问文莱时表示，印度希望与文莱扩大能源领域合作，尤其希望开辟自文天然气进口，以满足印度国内日益增长的需求。印度目前为文原油第三大出口国，排在韩国和澳大利亚之后。印度约有5000人在文莱工作，多为医生、教师和专业人员，也有相当数量的劳工。

此外，文莱与法国、德国、荷兰等西方国家也保持着密切的经济往来，文莱利用石油收入还在澳大利亚北部投资6500 万澳元，购买了一块面积为5868 平方千米的牧场。

由此看见，石油和天然气资源是文莱经济发展的原动力，通过发展与世界主要国家的经济交往，协调国际和地区间的经济关系，增强了文莱的经济实力和国际地位，促进了与这些国家的政治交往和外交合作，从而利用自身优势达到经济外交的目的。

三、依托伊斯兰宗教组织发展与穆斯林世界的关系

作为信奉伊斯兰教的国家，文莱政府非常重视与穆斯林世界的交往。文莱苏丹是虔诚的伊斯兰教徒，多次到麦加朝圣。1987年，苏丹及王子一行到麦加朝圣，以密切与穆斯林世界的联系。政府还资助文莱穆斯林去朝觐，每年都有2 000多人得到资助①。在中东地区，文莱与穆斯林世界主要联系的是那些君主制

① 汪诗明、王艳芬:《论文莱独特的君主政体》,《东南亚研究》, 2006年第1期。

的阿拉伯王国，诸如阿曼、约旦、沙特阿拉伯和阿拉伯联合酋长国等[①]。除此之外，文莱还于1984年1月加入伊斯兰会议组织（OIC），希望与伊斯兰会议组织内的各个成员国紧密合作，共同增进友好关系，加强与他们在政治和经济上的联系。在加入伊斯兰会议组织后，文莱积极参与其中的各项活动并在经济上提供支持。例如：1984年2月，文莱苏丹亲自出席该组织在卡萨布兰卡召开的会议。1987年3月，文莱决定参加伊斯兰开发银行的长期性资助商业计划，以促进伊斯兰各国之间的贸易。1989年3月，在利雅得召开的伊斯兰会议组织会议上，文莱重申坚决支持巴勒斯坦人民对其家乡所拥有的主权和由阿富汗人民来决定其未来的权力[②]。1990年9月，文莱宣布捐赠25万美元帮助约旦应付来自伊拉克和伊拉克占领下的科威特的难民潮[③]。文莱还参加了伊斯兰会议组织下属的其他机构，如伊斯兰教发展银行（IDB）、伊斯兰教科文组织（ISESCO）[④]。文莱在不断融入伊斯兰世界的过程中，还利用经济优势"对伊斯兰会议组织的一些基金诸如伊斯兰团结经济、阿富汗信托基金、塞拉利昂信托基金进行援助"[⑤]。在对待中东问题上，文莱支持并援助每一个面向中东建立广泛的定居点的努力，支持巴勒斯坦解放运动。2004 年11 月，文莱苏丹亲赴埃及参加巴勒斯坦总统阿拉法特的葬礼。由此可见，文莱加强与伊斯兰宗教组织的联系，在寻找精神归属感的同时，也将自己的外交空间拓展到中东，使更多的国家认识和了解文莱，进而增强文莱在国际交往中的地位和影响力。

通过伊斯兰教的宗教信仰密切与穆斯林世界的关系是文莱外交的一个重要方面，文莱与巴基斯坦的外交关系就是其中比较明显的例子。文莱与巴基斯坦同属伊斯兰国家，在文莱独立前，两国就已有友好往来，巴基斯坦曾派顾问到文莱的财政部门帮助工作。1984年2月，齐亚·哈克总统应文莱苏丹的邀请，参加了文莱的独立庆典。访问期间，两国决定建立外交关系。建交以来，文莱和巴基斯坦的友好关系一直得以保持。2000年4月，巴基斯坦首席执行官穆沙拉夫对文莱进行了为期3天的工作访问，两国同意成立贸易联合委员会，以加强双方的经贸合

① Graham saunders，A History of Brunei，Oxford University Press，1994，p179.

② http://www.mfa.gov.bn/foreignpolicy/commonwealth.htm，2009年4月5日。

③ 马金案、黄斗：《文莱国情与中国文莱关系》，北京：世界知识出版社，2008年，第206页。

④ 黄静云：《伊斯兰教与当代文莱政治发展》，《当代亚太》，2007年第4期。

⑤ http://www.mfa.gov.bn/foreignpolicy/commonwealth.htm，2009年4月5日。

作。2004年5月，文莱苏丹再次对巴基斯坦进行正式访问。访问期间，文莱苏丹在巴基斯坦总统穆沙拉夫为其举行的国宴上发表讲话，高度评价文莱与巴基斯坦的友好关系。1984年以来，文莱和巴基斯坦为了推进两国在各个领域的合作，签署了一系列协议，主要有《航空服务合作协定》(1987年)、《防务合作谅解备忘录》(2004年5月)、《文化合作谅解备忘录))(2005年)、《文莱投资机构和巴基斯坦投资机构合作谅解备忘录》(2005年)、《成立联合投资公司的协定)(2006年11月)、《避免双重征税协定)(2008年11月)。在经贸合作方面，2009年两国贸易额为62.4万文元。

作为一个信奉伊斯兰教的穆斯林国家，文莱充分利用自身的宗教信仰，在把伊斯兰教当做治理国家基本国策的同时，也将伊斯兰教当作对外交往的重要手段，增进与中东穆斯林国家的友好交往，不但拓宽了外交领域，使文莱可以活跃在更宽阔的外交舞台上，也将自己与穆斯林世界紧紧地联系在了一起。

众所周知，外交的目的和任务是为国家的生存、发展、安全、繁荣和强盛创造有利的国际环境。在当今世界，没有哪个国家可以脱离外部环境单独存在，中小国家在大国外交占主导地位的情况下，必须有一套与本国实际相适应的外交政策。怎样保护自己的外交权益和国家利益，怎样使自己在国际社会中有一定的影响力，这是摆在中小国家外交面前的一个挑战。文莱作为一个经济富有的小国，能够结合自身的优势条件，充分依托国际组织和伊斯兰教的宗教信仰，开展积极主动的外交活动，在政治、经济和宗教等领域与世界各国开展多方位的合作与交流，让自己完全融入到国际社会大舞台中，使自己的各种利益和诉求得以保护和实现。可以说文莱的外交政策是成功的，对中小国家的外交实践具有一定的借鉴意义。

第六章　文莱与中国

第一节　两国交往源远流长

文莱是东方文明古国之一。中国史籍中有不少关于古代文莱国风土民情以及中文两国友好关系的记述。现代研究东南亚历史的学者大多认为中国古籍中记载的婆利、渤泥、佛泥、渤泥和婆罗很可能都是古代文莱国名的不同译称。文莱同中国的交往源远流长。

一、隋唐时期——两国交往密切

早在南北朝时期，《高僧传》卷七慧严传里就谈到过婆利国人来中国的事（公元443年）。《宋书》卷九本纪也记载："元徽元年三月丙申（473年5月2日）婆利国遣使献方物"。由此可见，5世纪中叶，文莱已开始与中国有了往来。到6世纪，中文两国的友好关系又有进一步的发展。根据《南史》记载，开监十六年（517年）婆利国曾遣使来中国奉献金席等物。普通三年（522年），婆利国王频伽复使珠智献白鹦鹉、青虫、兜鍪、琉璃器、古贝、螺杯、杂香药等数十种物品。五、六世纪时，世界航海技术还十分落后，而与中国遥遥相隔的文莱王国竞屡派使臣，不惜冒生命危险，漂洋过海来中国朝贡，足以说明当时文莱统治者对中国的友好和敬重。

隋、唐时期（581年—907年），文莱同中国的交往更为密切，《隋书》、《旧唐书》、《新唐书》和《唐会要》等史书都有关于古代文莱国的地理位置、风土人情和物产等方面的记述。

《隋书》卷八十二，婆利条谓："婆利国，自交址浮海，南过赤土、丹丹，至其国。国界东西四月行，南北四十五日行"。

《旧唐书》卷一百九十七记载："婆利国，在林邑东南海洲上。其他延袤千里，自交州南渡海，径林邑扶南、赤土、丹丹、数国至焉。共人皆黑色穿耳附，男子皆拳发，披古贝布，横幅以绕腰。风气暑热，恒如中国之夏。谷一岁再熟。有古贝草，缉其花以作布，粗者曰古贝，细者名”。

《新唐书》卷二百二十二载：“婆利者，直环王东南，自交州汛海，历赤土、丹丹诸国乃至。袤长数千里。多火珠，大者如鸡卵，园白，照数尺，日中以艾籍珠，辄火出。产玳瑁，文螺：石坩，初取柔可治，既镂刻即坚。有舍利鸟，通人言。……”

《唐会要》卷九十九载：“婆利者，南荒之国也。……暑热恒如中国盛夏，谷一岁再熟。……其王服花冠，饰以真珠璎珞。身坐金床，行则驾象，鸣鼓吹蠡。”

此外，上述史籍还记载了当时中、文两国官方友好往的史实。《隋书》记载，大业十二年（616年）婆利国曾派使来中国进贡文物。《旧唐书》和《唐会要》都提及在贞观四年（630年）婆利国遣使来华朝贡之事。自那以后，两国通使、通商往来络绎不绝。文莱盛产的优质龙脑和樟脑等名贵药材深受中国人欢迎，成为文莱输往中国的主要商品。中国商人运往文莱的货物则以陶瓷器、金属器、丝绸和珠宝等为主。有关这方面的情况，除史籍中有记述外，还可从文莱的出土文物得到证实。1958年在沙捞越的尼亚洞（原属文莱领域）曾发掘到大量的唐代石制器具、陶瓷器、金属器皿 、珠宝以及硬币等等。英国学者罗伯特·尼科尔（曾任文莱国家博物馆名誉馆长）根据13世纪中叶阿拉伯学者伊本·赛德编纂的《地理志》和其他史书提供的史料推测，晚唐时期（9世纪左右），加里曼丹东北部（即今马来西亚沙巴所在地）曾有过一个中国人的聚落。他认为这些中国人来此定居是为了控制当时极为重要的樟脑贸易。后来由于室利佛逝帝国征服了加里曼丹，致使这批中国移民和祖国完全失去联系，逐渐被当地各土著民族同化，以致不再留下明显的踪迹。虽然罗伯特·尼科尔的上述推测至今还缺乏可靠的史料加以证实——中国史籍里未见到有关此事的记载——但他依据的史实却说明在唐代近三百年间，中文两国通使、通商往来甚为频繁。

唐亡后，中国进入封建割据的动乱年代，各朝政府无暇顾及外交事务和海外贸易。这时，正值室利佛逝帝国日益兴盛、不断向外扩张之际，唐代同中国有着密切交往的南泣诸国，大多被它征服，文莱也不例外。文莱与中国从5世纪中叶就开始建立的友好联系至此中断了一个半世纪，直到宋代（10世纪末），才恢复。

二、宋代时期——中文关系全面推进

据《宋史》记载，太平兴国二年（977年），渤泥国王向打遣使施弩（Sina）、付使蒲亚利（Abu Ali）、判官哥心（Kasim）等携带大量优质龙脑、樟脑、玳瑁壳、檀香和象牙等名贵物产随商人蒲卢歇（Abdullah）来华朝贡。渤泥国王的入贡表写道："渤泥国王向打稽首。愿皇帝万岁寿。今遣使入贡。向打闻有朝廷，无路得到。昨日商人蒲卢歇船泊水口，差人迎到州，言自中国来，比诣阇婆国，遇猛风破其船，不得去。此时闻自中国来，国人皆大喜，即造船舶令导达入朝贡。所遣使人只愿平善见皇帝，每年令人入贡。每年贡，虑风吹至占城界。望皇帝诏占城有向打船到，不要留。本国别无异物。乞皇帝匆怪"。上述渤泥国王入贡表不仅反映了当时文莱统治者想恢复同中国通使、通商的强烈愿望，而且也反映了他们对中国的信赖，希望凭籍中国的威望使文莱摆脱占城的干扰，顺利地同中国发展贸易关系。

当时，宋朝廷为了对付北方外族的侵略，对南泣诸国均采取友好睦邻政策并积极发展对外贸易。对文莱这个离中国甚远的小国新派来的使节也一样"代赐以遣之"。

"渤泥在泉之东南，去阇婆四十五日程，去三佛齐四十日程，去占城与麻逸各三十日程，皆以顺风为则。其国以板为城，城中居民万余人，所统十四州。王居覆以贝多叶，民舍覆以草。王之服式，略仿中国。番舶抵岸三日，其王与眷属率大人到船问劳。船人用锦籍跳板迎肃，款以酒酸。用金银器皿、椽席凉伞等分献有差。商贾日以中国饮食献其王，故船往渤泥必挟善厄者一二辈与俱。朔望并讲贺礼，几月余，方请其王与大人论定物价，定价后，鸣鼓以召远近之人，听其贸易；价未定而私贸者罚。俗重商贾，有罪抵死者罚而不杀。船归日，其王亦醛酒椎牛祖席，醉以脑子番布等，称其所施。"

《诸蕃志》上述记载说明宋朝时期文莱统治者对发展与中国的贸易十分重视，其国王甚至亲率眷属官员到中国商船慰问，商船回国前还特备酒席款待和馈赠礼品。而中国商人也很注意与文莱官方保持友好关系，每逢商贾日都以佳肴美酒献其王。此外，从文莱王室喜食中国饮食与其王服式略仿中国的描述可以见到当时文莱受中国文化影响的一斑。

1972年，在文莱首都斯里孟加湾市（Sri Begawan）的一个古老坟场发现了一块宋代中国人的石碑。碑文刻的是汉字，经仔细描摹，仍可辨认为"有宋泉州院蒲公之墓，景定甲子男应甲立"。当地学者认为此碑很可能是宋理宗景定五年（1264年）所立。除此之外，在该市哥打都一带（即文莱旧都遗址）还发掘到宋代中国的陶瓷器。

当地一些史学家根据上述发现，推测宋代已有中国人在文莱定居。有的还以当地民间故事来加强他们的论据，其中广为流传的两则概述于下：

1. 支那巴丹岸（ Kinabatangan）即“中国河”名称的由来。在今马来西亚沙巴州境内有一条名为“支那巴丹岸”的河流，意译为“中国河”。当地民间流传：元朝皇帝忽必烈派兵南征（1292），有一队元兵占领了加里曼丹岛东北部，即沙巴州一带，在一条大河流域建立了一个元朝的藩属地。当地人便把这条河叫做中国河，这个地区叫做支那巴丹岸省。当地驻扎的元兵（多为汉族人）同毗邻的文莱人友好相处。常派工匠给他们传授纺织、雕刻和农耕技术。元朝在当地的执政长官还把他的妹妹嫁给文莱王室成员。后来，这个元朝海外属地与祖国完全断绝了联系，官兵们便在当地居留下来并逐渐与土著通婚，成家立业。现在沙巴的卡达山族（也叫杜顺族）就是这些中国人和当地土著妇女结合繁衍的后代。学者们认为这有一定的根据，因为卡达山人的肤色、服饰和风俗也与其他民族相差较远，却与中国南方一带的民俗很接近。如妇女喜着黑色布衣，喜庆、节日有张贴对联的习俗等。

2. 支那巴鲁山（ Gunung Kinabalu）即“中国寡妇山”名称的由来。

沙巴土著方言，称中国为“支那”，寡妇叫“巴鲁”。这座山位于沙巴州的东南部，最高峰海拔4101 米，为东南亚最高峰，当地土著视为族人亡灵安息之所。现在沙巴州政府已把它开辟为国家公园，成为沙巴最著名的旅游胜地，每年到此攀登游览的游客很多。

当地民间传说，很久很久以前，有一艘中国商船停泊在山脚下的一个港口，附近居民闻讯纷纷前来购买中国货。有位美丽的土著姑娘在船上与一位英俊的中国小伙子一见钟情。那位中国青年决定留在当地同这位姑娘结婚。他们的决定得到同伴和姑娘的父母允许。开始时他们生活得十分幸福美满，但随着时光流逝，这位中国青年患了思乡病。有一天，又来了祖国的商船，他决定随船回乡探亲。临行前向妻子许诺不久就回来团圆。但一天天过去，总不见他回来。妻子焦虑万分，天天爬上山巅眺望。她盼来了一艘又一艘从南中国海驶来的船只，但没有停泊下来。正当她感到绝望时，一艘中国商船徐徐靠岸。她欣喜若狂，目不转睛地望着船上的人一个个下船登岸，却始终见不到丈夫的踪影。她抑制不住心中的哀怨，一直站在山巅哭泣。夜幕降临，这位忠诚的少妇哭干了眼泪，渐渐地她的心冷却了，血液凝固了，她化成了一尊石像，永远站立在山巅守候，期待她的中国丈夫回来。从此，当地人便把她站立的山峰叫做中国寡妇山。以上两则传说都提到了历史上中国人同文莱人的友好交往和中国男子同当地妇女通婚的事，这也从一个侧面反映了两国人民在历史上的友好情谊。

诚然，若只以上述传奇故事为依据就判断宋代已有大批中国人定居文莱，未免牵强附会，但根据中国史籍的有关记载和文莱已发现的历史文物和遗迹，可以肯定，宋代三百年间，文莱同中国确实有过密切的交往，不仅限于官方使节的互访，而且双方民间友好贸易往来也很频繁，宋末，中国南方居民因战祸绵延，难以谋生，加上不甘忍受蒙古人的统治，相率逃往南洋诸国的为数不少，其中很有可能有人逃至文莱定居。

宋亡后，文莱与中国的友好关系并未中断，据说公元1293年元世祖忽必烈派兵远征爪哇时，曾有一支元军来到加里曼丹岛的东北部，并在今支那巴丹岸河流域建立了一个元朝的藩属，称为支那巴丹岸行省。(据说，这正是这条河流名称的来由。“支那”是中国之译名，“巴丹岸”在当地方言中河流之意。“支那巴岸”即中国河的译称)。后来，由于历史的变迁，这个元兵开拓的属地——“支那巴丹岸行省”完全断绝了和祖国的联系而逐渐消亡，他们自己也被当地民族所认同。不过，在支那巴丹岸行省建立之初，这批来自中国的元朝官司兵和当时的文莱王室保持着亲善友好的关系。支那巴丹岸行省的执政者甚至把亲妹子嫁给文莱国王的儿子。此外，他还给文莱国派去一批工匠，把中国传统的雕刻、纺织等技艺以及耕作方法传授给当地居民，为发展文莱的经济和文化作出了贡献。当地还有一种传说，认为现在沙巴的卡达山族就是这批元朝军人和当地土著妇女通婚繁衍下来的后裔。传说的一个重要依据是卡达山族是当地最早使用水牛耕地的民族，当地群众认为这种耕作方法显然是从中国传去的；同时，卡达山族还有许多和中国相似的风俗习惯。自然，不能仅仅根据这点就对上述传说加以肯定。但在元朝期间，中、文两国人民的友好却是有案可稽。元汪大渊著《岛夷志略》渤泥条中说渤泥国人“尤近爱唐人，醉则扶之以归歇处”便是一例。

三、元代时期——两国贸易关系持续发展

元代是我国历史上政治相对稳定、政权集中统一、地域最为广阔的大帝国，“北逾阴山，西极流沙，东尽辽左，南越海表”，“东南所至不下汉、唐，而西北

则过之，有难以数里限者”[①]。在中世纪如此辽阔的地域内出现了各民族交通畅通的局面。同时元代统治者具有很强的“世界主义倾向”。认为自己是全人类的皇帝，具有“世界君主”的意识。因此，元代的创业者们不断地进行征伐。“一条敕令规定，他们应该去征服一切土地，不与任何没有归附自己的民族缔结和约，只要他们自己未被彻底消灭，无论时间多长也要坚持下去。”[②] 在元代建国之初，忽必烈告谕海外诸国：“诸蕃国列居东南岛屿者，皆有慕义之心，可因蕃舶诸人宣布朕意，诚能来朝，朕将宠礼之，鞭往来互市，各从所欲。”[③]在对外交流中，忽必烈采取主动外交方针，向邻近的一些国家派遣使者。同时把武力作为坚强后盾，迫使邻国纳贡称臣。忽必烈还提出“仰惟覆焘，一视同仁，不遐迩分小大之问”的原则，也就是说国家不分大小近远，外交一律平等的原则。这就促进了东南亚各国同元代发展以朝贡关系为纽带的外交关系。但是如果南海诸国拒绝来元朝贡，那么元政府则会以武力惩罚。元初年就曾攻打过缅甸国及爪哇国，战争虽然带来了杀戮，但在客观上却打通了中国和东南亚各国的商路，促进了双方政治、经济、文化各方面的交流。

此时，元代前往东南亚地区的中国海商异常活跃，文莱成为中国海商的重要贸易国。

元代和海商构成极为复杂。主要分为官商和私商，其中官商又包括斡脱（合伙人）[④]商人和官本船商人；私商中包括权贵商人、色目商人、舶商和散商。在此时元代也出现了一个新动向，就是大批的华侨商人涌现。由于元政府的开放政策及海外交通的发达，出国经商成为了一种社会风气。留居海外不归的人也越来越多。元代就出现大量诗词来描写海商妻子在家独守空房思念亲人的现象。还有一种情况就是沿海私商遭受封建政府压迫和官商的排挤，迫于无奈到海外定居。如泉州商人商贩于乌爹（今缅甸沿海），获得巨利，“故贩其地者，十去九不还”。[⑤]当时在古城、真腊、三佛齐、单马令、爪哇、渤泥都有大量中国人居住。这些华

① （明）宋濰等：《宋史·食货志》卷一八六，第04558页。

② 耿升等译：《柏朗嘉宾蒙古行纪》，北京：中华书局，1985年，第79页。

③ （明）宋濂等：《明史·世祖纪七》卷十，第00204页。

④ 斡脱：蒙古语ortoq（突厥语ortaq，意为合伙人）的音译，蒙古和经营高利贷商业的官商。徐元瑞《习吏幼学指南》悦：“斡脱，谓转运官钱，散本求利之名也。”又称斡脱为“见圣旨、令旨、随处做买卖之人”。

⑤ 汪人渊著，苏继倾校释：《岛夷志略校译》，北京：中华书局，1981年，第376页。

侨从事所在国与中国之间的海上贸易。海外的中国商人为了增强竞争力慢慢走向联合，形成华侨商人集团。

中国与文莱的贸易往来是建立在互通有无基础上的。中国向文莱出口的主要是纺织品、金属制品、陶瓷器等手工制造品：从文莱进口的主要是香料、蜂蜡、藤条、树脂、树胶等热带丛林的动植物产品，以及燕窝、海参、鱼翅等热带海产品，还有黄金和金刚石等矿物产品，两国间的贸易往来具有很强的互补性。到了元代，中国和文莱的贸易往来更加频繁，据汪大渊的《乌夷志略》所载，勃泥国人“尤敬爱唐人，醉则扶之以归歇处”。足见中国商人在文莱国的受欢迎程度。

文莱国“地产降真、黄蜡、玳瑁、梅花片脑。其树如杉朱桧，劈裂面取之，必斋浴而后往，货用白银、赤金、色缎、牙箱、铁器之属。”[①] 这些都是中国从南洋大宗进口物品。另外，《乌夷志略》中的“万年港”条，则记载其“地产降真条，木绵、黄蜡。贸易之货，用铁条、铜线、土印花布、瓦瓶之属”，据考证，万年港一名，“当由Berunai”，Brunei而得音，唐代载籍之勃泥与渤泥亦然”，元末时，“此港已非此国都城所在。故当时贸然家、航海家名之曰万年港或万年屿”。[②] 在《马可·波罗的游记》中提到的“大爪哇岛”，其实就是将婆罗洲与爪哇岛合二为一。其云：“离开占婆国，向南和东南之间行驶一千五百英里，便是可到达一个面积很大的岛，叫做爪哇……这个国家的物产极为丰富，像胡椒、肉豆蔻、生姜、丁香和其他所有值钱的香料及药物，都是岛上特产，因此有许多商船满载货物前来交换，使双方都能获得巨大的利润。这里收集的金子的数量十分惊人，难以估算。剌桐和蛮子的商人常从这里输入大量的金子，至今也仍然如此。他们还从这里获得绝大部分香料，并把他们运往世界各地。”[③] 由此可知，元代泉州港及中国东南沿海地区与婆罗洲（包括文莱）之间存在着贸易往来。

元代国祚不长，但却因为远征爪哇而名震南洋。文莱是元军远征爪哇的中转，说明当时中国和文莱关系是非常友好的。中国的瓷器在这个时期大量流入南洋诸国。汪大渊在此时附舶南行，他所记载的内容也颇为详实。“戎（不明，其文中有句云，男女方头，儿生之后，以木板四方夹之，二周后去其板，此风俗，惟

① （元）汪大渊原著，苏继倾校释：《岛夷志略校释》，北京：中华书局，1981年，第148–150页。

② （元）汪大渊原著，苏继倾校释：《岛夷志略校释》，北京：中华书局，1981年，第342–344页。

③ ［意］马可·波罗著，梁生智译：《马可·波罗游记》，北京：中国文史出版社，1998年，第232–234页。

婆罗洲今上有之，或属婆罗洲一部)，货用青白花碗，瓷壶瓶。"[①] 此处的婆罗洲即指加里曼丹岛。其中说的婆罗洲一部也可能是文莱。中国的元青花在当时已经深入文莱人民的日常生活中，两国的贸易往来之频繁，交流之深入可见一斑。

元代中国和文莱交往和宋朝相比具有特殊性，元以前中国和文莱的交往主要是官方的朝贡贸易往来，多为文莱国派遣使者来中国朝贡的情况。但元代两国间的关系则出现了变化，《元史》中没有出现渤泥国派遣使者来中国的内容。这并不表明两国在此时没有往来，从元军远征爪哇选文莱作为中转站，就可以看出，中文两国关系在此时是友好的。虽然两国政府在该时段没有过多往来，但是民间商贸交流蓬勃发展。14世纪，文莱王国不幸被爪哇的满者伯夷帝国所征服。它和中国的友好关系因而再次中断。直到明朝初年，中、文两国才又恢复了外交和贸易上的交往。

四、明代——两国友好关系鼎盛时期

在中国历史上，西北边境长期潜伏着危机，东南海上的威胁暂时都还没有进入明初统治者的视野。朱元璋也遵循着传统的战略防御思维，将浡泥等东南亚国家都列为不征之国。在东南亚诸国中，中国和文莱的关系比较友好，双方交往频繁。

(一)密切的朝贡关系

明朝建国之初极力恢复中华传统礼法，致力于构建一个以明王朝为中心，海外诸国称臣纳贡的朝贡体系。明朝以《周礼》为指导，建立了最为完备的朝贡体系，明政府将文莱列为依"古礼"来贡的国家，所谓"古礼"就是指"番夷外国，当守常制，三年一贡，无更烦数来朝"。由于明王朝和文莱关系较为友好，因此文莱来明朝贡次数远远多于规定。

到了明永乐年间，文莱同明朝的朝贡关系达到了顶峰。相对于洪武时期"内敛"型的朝贡体系建设，那么永乐时期的朝贡体系则是扩张型的。明成祖胸怀大略，在外交上积极主动，他派遣郑和出使西洋，希望"所以宣德化而柔远人也。"[②] 从而建立一个符合正统礼制的盛大朝贡体系。永乐初年文莱国势较弱，北

① 韩槐准著:《南洋遗留的中国古外销陶瓷》，新加坡：青年书局，2005年，第10页。

② 长乐:《天妃之神灵应记》，载萨士武:《考证郑和下西洋年岁又一史料》·《大公报·史地周刊》第十八期，民国二十五年(1936年)四月十日。

受苏禄欺凌，南受阇婆压榨，同时长期被爪哇统属、勒索。但是由于自身实力有限，想通过一已之力谋求自主独立，基本是不可能的。而明朝的中国已经成为亚洲第一强国，加之明成祖奉行开放和平的外交政策，对外国使者“厚往薄来”并且对海外诸国没有领土要求，仅仅是要求称臣纳贡。文莱为了寻求一个强大的依靠，欲与中国重新建立朝贡关系，以得到强大明王明的庇佑。“浡泥国麻那惹加那乃遣使臣生阿烈伯成等奉表贡方物，命礼部宴劳之，并赐文绮袭衣。”[①]明成祖厚待来使，作为礼仪之邦他又速派使者回访。“遣使赍诏封浡泥国王麻那惹加那为王，给印诰敕符勘合，并赐之锦衣彩币。”[②]国王的敕封是确立“宗主”和“藩属国”关系的重大举措，也是双方政治关系进一步加强的重要表现。

文莱国处在东西洋的分界点，郑和船队曾多次抵达。永乐五年郑和船队奉旨前往东南亚诸国，这个历史事件在《明史》中有确切记载：“和经事三朝，先后七奉使，所历占城、爪哇、真腊、旧港、暹罗、古里、满剌加、渤泥、苏门答剌、阿鲁、柯枝、大葛兰、小葛兰、西洋琐里、琐里、加异勒、阿拨把丹、南巫里、甘把里、锡兰山、喃渤利、彭亨、急兰丹、忽鲁谟斯、比剌、溜山、孙剌、木骨都束、麻林、敕撒、祖法儿、沙里湾泥、竹步、榜葛剌、天方、黎伐、那孤儿，凡三十余国。所取无名宝物，不可胜计，而中国耗废亦不赀。自宣德以还，远方时有至者，要不如永乐时，而和亦老且死。自和后，凡将命海表者，莫不盛称和以夸外番，故俗传三保太监下西洋，为明初盛事云”。[③]

郑和船队出访文莱之后，永乐六年文莱国率团访华，“浡泥国王，诚敬之至，知所尊崇，慕尚声教，益谨益虔，率其眷属、陪臣，不远数万里，浮海来朝，达其志，通其欲。”[④]当时明成祖专程派人前往福建迎接，文莱国王给明王朝带来了大量礼物，明成祖也“优待礼隆，锡予甚厚。文莱国王使团向明王陈词曰“远方臣妾，丕冒天子之恩，以养以息，既庶且安。思见日月之光，故不惮险远，辄敢造廷。”[⑤] 此时文莱与中国关系的亲密程度远胜于东南亚其他国家。“稽之载籍，自古遏远之国，奉若天道，仰服声教，身致帝廷者有之。至于举妻

① 《明太祖实录》卷四八，永乐三年（1405年）十一月丙午。

② 《明太祖实录》卷四九，永乐三年（1405年）十二月祭亥朔。

③ （清）张廷玉：《明史·郑和列传》卷三〇四，第07769页。

④ （清）张廷玉：《明史·孛泥列传》卷三二五，第081414页。

⑤ （清）张廷玉：《明史·孛泥列传》卷三二五，第081414页。

子、兄弟、亲戚、陪臣顿首称臣妾于阶陛之下者，惟浡泥国王一人。西南诸蕃国长，未有如王贤者。”[①]遏远之国，能做到举家前往朝贡的仅文莱一国，足见两国关系之友好融洽。

过了不久，文莱国王不幸染疾，经明政府全力医治无效，病逝于南京会同馆。当时仅有二十八岁，明成祖深为悲痛，辍朝三天，同时满足了文莱国王“体魄托葬中华”的遗嘱。明成祖按王侯的规格礼仪将其葬于安德门外之石子岗。并立碑撰文：“永乐六年秋八月乙未，浡泥国王麻那惹加那乃来朝，率妻、子、弟、妹、亲戚、陪臣、凡百五十余人至阙下，上表，贡文物。上御奉天殿，受其献……”，完整内容可考于《四部丛刊·皇明文衡》卷八十二《浡泥国恭顺墓碑》。除了按王侯规格下葬处，每年春秋两季，永乐帝还专门派使臣前往祭拜。永乐六年十二月，派中官张谦，行人周航等护送文莱国王幼子遐旺等一百多人返回文莱。在文莱国近世后的第四年，幼主遐旺和家人再次来到中国访问。同样受到明成祖的盛情招待。

根据《明实录》《明史》及其他文献的记载，从永乐三年到宣德八年的二十八年内，文莱向中国朝贡了十余次，这是中文关系史上具有划时代的意义。明代两国间的朝贡关系发展到了顶峰。

（二）繁盛的官方贸易

密切的政治交往带来经济关系的发展。在不同阶段，文莱与明王朝的官方贸易往来呈现出不同特点。明朝刚刚建立的时候，朱元璋为了恢复破败的社会经济，对东南地区实行了以朝贡贸易为核心的对外开放政策。随着明朝政权日益巩固，这个朝贡贸易体系中的政治因素也越来越少，经济因素越来越多，逐渐变成了一种以“朝贡”为名的官方垄断对外贸易。

洪武元年（1368年）朱元璋就派遣使者出访文莱，宣布明朝“正统”，并且邀其前来朝贡。没过多久，明皇又遣使前往文莱，将玺书、织金绮缎、沙罗赐给文莱国王，并敦促其尽快前来朝贡。明成祖即位后奉行更为积极的对外贸易政策。多次遣使前往文莱。仍然带去了沙罗、彩绢等富有中国特色的物品。明朝招徕贡使来朝贸易声势最浩大的事件就是“郑和下西洋”，从永乐三年到宣德八年，郑和船队连续七次出访西洋，东南亚国家是郑和船队前三次出访的主要目的，同时也是后四次出访的必经之地。郑和船队到达了包括文莱在内的东南亚十国。郑

① （清）张廷玉：《明史·孛泥列传》卷三二五，第08415页。

和船队每到一个国家就宣天子诏，并将锦绮、沙罗、绫绢赐给诸国国王。邀请他们入明进行朝贡贸易。郑和下西洋除了担负着招徕贡使的使命还有一个任务就是肃清中国通往东南亚诸国的海道。这就是保证了中文朝贡贸易交往的通畅。

洪武时期的朝贡贸易政策还是相对保守，对东南亚诸国贡期、贡品、贡使都有明确规定，到了明成祖的时候就放宽了限制，并对来朝贡使给予诸多优惠政策。这个时期明政府吸引了大批文莱贡使前来进行朝贡贸易。他认为，向贡使征税有辱天朝的体面，因此不准官员对贡使征收商税。同时贡使出境时，私自携带商品也不予以征税。此外还设立专门驿馆接待贡使。正是这些优惠的政策，使中国和文莱的朝贡贸易往来达到了一个前所未有的高度。

由于明朝历代皇帝都采取较为严厉的海禁政策，诏令“片板不许下海”，[①]不允许百姓私自下海经商，因此这一时期往来于中国和文莱之间的商人大部分只能以走私的形式进行贸易。中文两国贸易互补性很强，中国的瓷器、丝绸深受文莱王室及百姓的喜爱，文莱特产象牙、玳瑁、龙脑、檀香也是中国王公贵族喜爱的奢侈品。仅仅靠朝贡贸易的小规模商品交换远不能满足双方需求。明朝政府的政策严重阻碍了中文两国的民间贸易往来。两国海上在明政府“海禁”政策下，只能在夹缝中求生存。虽然明朝历代君主例行“海禁”政策，但是不同时期松紧程度不一，中国民间商人以敏锐的洞察力抓住每个可以下海经商的机会。由于航路之便，中国海商就如潮水般涌入文莱。

在文莱中国海商进行贸易的方式主要有三种：（1）与当地商民直接贸易。明朝商人将国内货物运往文莱，向当地殖民者或统治者缴纳税款后依据相关规定与当地人民进行直接贸易。（2）与欧洲殖民者直接贸易。17世纪荷兰东印度公司在婆罗洲大部分地区建立了霸权，基本垄断了该地区的贸易，因此前往文莱的中国海上避免不了要同这些殖民者进行贸易往来。（3）与第三地商人进行中转贸易。这种贸易方式主要是在文莱中国海商同日本海商的贸易，由于明朝政府始终视“倭寇”为国之大患，因此严厉禁止日本与中国的贸易，日本商人就前往文莱等东南亚国家进行中转交易，以获取中国商品。

中国海商在两国商品贸易中经营的种类繁多。据统计当时从明朝输出的商品多达230余种。[②]其主要包括：丝织品类，如绸缎、生丝；手工业品，如梳子、放

① 谢杰：《虔台倭纂》卷上《倭原二》，《玄揽堂丛书续集》，南京：国立中央图书馆，1947年，第7页。

② 夏秀瑞、孙玉琴：《中国对外贸易史》（第一册），北京：对外经贸大学出版社，2001年，第332页。

大镜及遮太阳的唐伞等；糖；金属类制品；文化用品，如书籍等。其中交易规模最大、最重要的商品是丝织品，其次是瓷器。中国海商从文莱贩回的商品主要是当地的特产，如香料、珍珠、琥珀、玳瑁、玛瑙、片脑、黄蜡等。贩回的这些商品中又以片脑（又称“龙脑香”）最为有名。[①]我国传统中医称龙脑香为冰片，有清热止痛、开窍明神的作用。明朝医药界普遍认为：片脑以勃泥国出者为佳。除了片脑外，文莱的热带丛林动植物产品和热带海产品都受到明朝医药界的普遍认可。正是由于两国贸易具有极强的互补性，虽然明政府例行“海禁”政策，但是也没有办法阻止两国的民间贸易往来。在巨额利润的驱使下中国海商不远万里、远渡重洋前往文莱进行贸易，为两国的经济交流做出重要贡献。

（三）广泛的文化交流

明代中国文莱交往频繁，文化交流也进入了一个新时期。中国海上下南洋进行贸易的一个突出特点就是贸易与移民相结合，文莱就是中国海上移民的一个主要目的地。中国商人大批移民文莱从事商业贸易的原因如下：一是在诸多东南亚国家中，文莱同明政府的关系是很友好的，文莱人民也非常欢迎中国海商前往经商。这就是为中国海商移民文莱创造了先决条件。二是西方列强在文莱垄断香料贸易创造的巨大商业利益也刺痛着中国海商的精神，虽然面临西方殖民商人驱逐甚至屠杀的危险，中国海商还是毅然前往文莱从事贸易，除了创造巨额商业利益外还有力地推动了中文两国民间往来及文化交流。中国华商除了在文莱从事商贩贸易外，还广泛及种植业、陶瓷制造业、航运业及服务业，这为促进文莱社会发展做出了巨大贡献。

我国的中医药学历史悠久，属于中国传统文化的一部分。文莱盛产丁香、玳瑁、片脑等名贵中药材，因此当中医理论和治疗方法传入文莱后，非常方便老百姓就地取材、制药疗伤。中医传入文莱为改善当地人民的生活水平起到重要作用。中国酿酒隶属悠久，最初的时候人民主要饮黄酒，到了明清时期出现了白酒的酿制。中国的白酒在明代大量输入文莱，除了满足华人的需求外当地居民也非常喜爱。当时大量的中国陶瓷传入文莱，中国陶瓷的传入大大改善了文莱国的食用器皿和文莱人民的饮食卫生状况。此外，在中国自古就有祭祀山川的风俗，祭祀山岳的习俗慢慢地也被文莱人民认可，他们也会自主发起一些

① （宋）赵汝适著、杨博文校释：《诸蕃志校释》，北京：中华书局，1996年，第161页。

祭祀活动。文莱是一个伊斯兰教国家，但是包容和尊重中国的儒、佛、道文化。宗教文化的相互交流，对于华人迅速融入文莱社会起到非常积极的作用，由于大量华人居住在文莱，汉语逐渐在文莱也有了较高的使用度。总之，文化的交融使两国百姓更加了解，文化认同度也逐步提高，这为中文两国关系的深入发展奠定了坚实的精神基础。

综上所述，明朝中国和文莱交往较宋元两朝而言范围更广，在政治交流方面，由于明朝统治者极力想建立一个以明王朝为中心，四夷来服的朝贡体系，因此文莱与中国的朝贡往来不管是在次数上还是规模上都达到了顶峰，政治交流的深入必然带来经济交流的发展，明朝一贯的“海禁”政策只是针对于民间商贸往来。对于官方朝贡贸易并没有严苛限制，往来于两国的使者成为了中国和文莱官方贸易的桥梁，除了外国殖民者商人垄断东南亚商路的时期外，中文两国的官方贸易都呈现出非常红火的局面，民间贸易因为明朝政府“海禁”政策的限制，只能在夹缝中求生存，但是中国海商冲破重重障碍，乘风破浪前往文莱进行商品交换，在明朝中文两国的民间商贸往来虽然规模小、交换的商品也不够名贵，但是它却深入百姓生活的各个方面，在潜移默化中使两国的文化更加贴近，中国海商也在这一时期大量移居文莱，长期与文莱百姓生活在一起，在文莱社会生活中，大到祭祀、封禅、宗教信仰，小到饮食医药，炊具器皿，无不打上了中国和文莱文化交流的印迹。在明朝的几百年历史中，通过两国人民的共同努力，中国和文莱的交流进入了鼎盛时期。

五、清代——中文关系举步维艰

（一）政治交流基本停滞

进入近代，由于国际时局的变动，西方殖民者加大了对文莱的入侵力度，文莱最终沦为英国的保护国。在这种局面下，文莱政府根本不可能同过去友好的国家继续保持外交关系，因此在《清史稿》中未见中文官方交往的记载，其他史料也基本看不到这方面的记载。在鸦片战争之后，中国也沦为半殖民地半封建国家，外交主权一步步沦丧。这种局面势必影响到中国和文莱间的官方交流，可以说在清朝两百多年的历史中，中国和文莱的政治交往处于停止状态。

工业革命后，强大的英国一直想在婆罗洲一带建立一个前往中国的远洋贸易中转站，文莱以其优越的地理位置吸引了英国殖民者的目光，18世纪中叶，英国东印度公司就派人前往这一带活动，1838年文莱沙捞越爆发起义，这个事件为英国插手文莱事务提供了可乘之机，文莱政府无力制止该起义，希望借助外国势力打败起义者。英国人詹姆士·布鲁克协助文莱政府平息起义，在之后又担任了沙捞越省督。1843年布鲁克以反击海盗为名，招来英国军舰“迪多号”和“萨马兰号”，以武力威慑文莱政府与其达成协议，文莱政府承诺开放贸易并不与除英国之外的其他大国结盟，之后英国文莱又签订了《英国文莱友好通商条约》，该条约的签订标志着文莱沦为了受英国支配的殖民地，英国殖民者粗暴干涉文莱的内政外交，因此在这一时段，文莱国根本无暇顾及同中国的官方交往，英殖民者也不允许文莱同中国有紧密的政治往来。鸦片战争之后，中国也屡遭殖民者入侵，在自身难保的情况下也无力照顾昔日的友好邻国，中文的官方交流就在这些因素的作用下停滞了两百多年。

（二）民间贸易顺应需求

虽然文莱与中国的官方交往终止了两百多年，但是民间商贸往来却没有停止，络绎不绝的中文商人往来于两国之间，为两国百姓提供各自所需的商品。

从清朝初年至鸦片战争之前，文莱依然是南洋地区的重要港湾，也是中国帆船前往东南亚地区的重要贸易口岸之一，据《海国闻见录》载：“苏禄、吉里问、文莱、朱葛、礁剌，总名皆为无来由绕阿番。性喜铜钲，器皿皆铜。沿溪著屋为居，俗甚陋，身不离刃，精于标枪，见血即毙。以采色布帛成幅衣身。经商其地，往来乘莽甲，伙从持利器相随。产珍珠、冰片、玳瑁、海参、燕窝、降香、海藻、藤等类。”[①]《海录注》中也有记载：“文莱国在细利窿西北，由细利窿东南入小港，向西北行，顺风约五六日可至。由地问北行，顺风七八日可至。幅员甚长，中多乱山，绝无居人，奇禽野兽，莫能名状。吐蕃亦无来由种类，喜穿中国布帛、土产燕窝、冰片、沙藤、胡椒。”[②]从这则材料中我们可以看出，文莱百姓喜穿中国布帛，衣服是人民日常生活的必需品，我们可以看出中国商品已经深入到文莱百姓的日常生活中。燕窝则是中国富贵的奢侈消费品，更是受到中国达官贵人的喜爱。作为香料的胡椒也受到百姓的欢迎。两国商人就这样携带本国特色商品往来贸易，在获取利润的同时，满足了两国百姓的生活需要。

---

① （清）陈伦炯：《海国闻见录》卷上，台湾学生书局，1975年，第113–114页。

② （清）谢清高口述，杨柄南笔受，冯承钧注释：《海录注》[M]卷中，北京：中华书局，1955年，第57–58页。

中国商人在这一时期大量移居文莱，有材料显示，初到文莱的西方殖民者主要是同中国商人进行贸易，随着欧洲人的介入，文莱与中国民间贸易受到些许影响，但是中国商人仍然是文莱的主要贸易伙伴。在文莱商港经常停泊着许多中国帆船，这些帆船大都是中国商人在文莱就地制造的，其拥有者大多是当地的华人。[①]

18世纪之后，已经有不少的中国人在文莱定居，主要从事造船业和胡椒种植业，据估计：当时有三万余华人在文莱从事胡椒种植业，几乎垄断了整个文莱的胡椒贸易，[②]据载："在1769—1790年间，文莱的华人在年成好的年份里，一年能产出2万担（约1200吨）左右的胡椒，而这些胡椒几乎全部被中国帆船运回了中国。"[③]胡椒贸易成为中文两国民间商贸交往的大宗商品，大量胡椒运回中国，为胡椒进入寻常百姓家的餐桌提供了可能。

到了19世纪中叶之后，由于文莱内部连年战乱和西方殖民主义势力的控制，文莱国力江河日下并逐步沦为西方殖民者的保护国。昔日的文莱已不复存在，中文的民间贸易也在这个时候遭到致命性打击。居住在文莱的华人也成为了英国北婆罗洲公司管辖的沙巴的居民和英国殖民者詹姆士·布鲁克家族统治下的沙捞越王国的居民，大量华人也在这一时期迁往外地谋生，中国和文莱长达十几个世纪的商贸往来及文化交流在这个时期基本断绝。

（三）华商发挥桥梁作用

由于政府官方往来的中断，原来政治经济文化交流的主要载体——使者，已经不复存在，华商便成为了中文两国交流的桥梁。

居住在文莱的华人与当地居民长期生活在一起，相互影响着彼此的经济生活，18世纪中后期，西婆罗洲发现了金矿，移居该地的华侨成为最主要的劳动力。到18世纪末19世纪初，居住在西婆罗洲的华侨已经达到3 000余人，到了19世纪初，加里曼丹岛的华侨人数已经达到15万人。这个庞大的群体为中文经济交流做出重要贡献。文莱华商以中国商品、中国市场为依托，同时参与到文莱的

① John Crawford, A Descriftve Dictionary of the Indian Islands & A djacent Countries, Oxford University Press, 1971, p68-70.

② 李荣陵：《沙捞越人口及其聚落》，载马来西亚《星洲日报》，1986年7月19日。

③ David Bulbeck. Anthony Reid. Lay Cheng Tan. Yiqi Wu. Compiled, Cloves, Coffee and Sugar, Leiden, KTLV Press, 1998, p81.

胡椒种植、造船等行业。在加里曼丹岛的北部渤泥，大批华人经营胡椒种植园，从沿海向内部延伸数十里。停泊在港口的五六百吨的大船都忙于接待中国帆船运胡椒。华人在文莱直接经营胡椒种植园，保证了中国胡椒贸易的充足资源。

华侨商人在文莱最主要的还是从事商业，他们初到文莱的时候都是小本经营，后来也慢慢出现了较为富有的侨商。这些华商不辞劳苦地奔波于中国和文莱之间，他们带去的不仅仅是商品，还有中国先进的生产技术，大大提高了当地农业、手工业的生产效率。他们对文莱的经济发展作出了重大贡献。首先，他们的贸易活动，促进了文莱和中国的经济交流，丰富了文莱与中国人民的日常生活，中国的丝绸、布帛、瓷器、药材颇受文莱百姓喜爱。文莱燕窝、胡椒也被大批量地运回中国，其次，华商在文莱从事商贸活动，沟通了当地的城乡经济，促进了当地工商业的发展，华商在文莱的商贸活动不仅仅局限于城市，还深入文莱的农村。他们收购当地土特产并出售日用品及农具。他们诚信经营，博得文莱各阶层百姓的好评。

可以说华商在文莱从事的不仅仅是商贸活动，而是架起了一座友谊的桥梁，增进了两国人民之间的了解与互信。为两国带来经济利益的同时促进了文化交流。

由此可见，清代中国和文莱的交流受到西方殖民势力入侵的大背景影响，官方交流处于停滞状态，但民间交往更加深入，清朝大量华商移居文莱，并定居于此直接从事生产。另外大量华人与文莱百姓长期居住在一起，中国的主流文化儒家思想也在潜移默化地影响文莱百姓，因此在整个清朝，华商是中文两国在各方面交流的重要载体，为两国友好交往做出了巨大贡献。

六、结语——宋代至清末中文关系的变化及特点

通过对宋元明清时期中国和文莱之间的政治、经济、文化交流的研究，可以得出如下一些特点：

（一）“先起后伏”的政治交往

宋元统治者都具有极强的开放意识，在对文莱的政治往来中，采取主动的外交方针，海商成为两国间的政治交流的重要媒介，他们除了沟通两国贸易外，也架构起了两国政治交流的友谊桥梁。这一时期中文间的友好交往为明朝两国繁盛的政治交流打下基础。

明朝中国政府对文莱的政策经历了不断调整的过程。明初，文莱等东南亚国家都被明朝统治者列为友好之国，但在15世纪之后，倭寇横行于中国东南海域，明政府为了抵御倭寇，实行了严厉的针对东南沿海的“海禁”政策。这个政策只是针对往来于中文之间的私商，对于两国间的朝贡往来并没有什么影响，反倒从另一方面起到了推波助澜的作用。明朝一直致力于建立一个以明王朝为中心，海外诸国称臣纳贡的朝贡体系。在这个大背景下，文莱和中国之间的朝贡往来急速发展，同明王朝建立了比较正式的“藩属”关系。从洪武后期至建文年间，由于胡惟庸作乱和三佛齐的挑拨使文莱和明朝“意不通”[①]，造成了中文两国朝贡中断。明成祖实行扩张型的朝贡政策，外交上积极主动地派遣郑和出使西洋，在此时中国也成为亚洲第一强国，而文莱受到苏禄和阇婆及爪哇的压榨和入侵，极欲寻找一个强大的依靠，明朝则是它的最好选择。敕封是确立“宗主”与“藩属国”关系的重大举措，明成祖“派使诏封渤泥国王麻那惹加那为王，给印诰敕符勘合，并赐织金衣彩币[②]。”通过该事件，中文两国的政治关系进一步加强。从永乐三年到宣德八年的28年内，文莱就向中国朝贡了数十余次，把中文两国之间的政治交流推向了历朝历代的顶峰。

到了清朝，中文两国间的政治交流从顶峰跌入谷底，由于西方资本主义势力迅速崛起，加大了对文莱的入侵力度，文莱最终沦为英国的保护国，在这种内外交困的情况下，文莱根本无力顾及与清朝政府的外交关系。鸦片战争后，中国也逐步沦为半殖民地半封建国家，因此整个清朝，中国和文莱的官方往来基本处于停滞状态。

概括而言，宋代至清末中国和文莱间的政治交流呈现出“先起后伏”的变化特点，宋元中文的政治交流在前朝的基础上更进一步，到了明朝两国的政治交往达到顶峰。由于国际时局的变动，整个清朝文莱与中国基本不存在朝贡往来。

（二）“坎坷不平”的经济关系

由于政府的开放政策及航海、造船技术的发展，宋朝时中文两国间不仅官方朝贡贸易频繁，民间贸易也呈现出繁盛的局面，到了元代，文莱成为中国海商前往东南亚的主要目的地，这些海商不仅往来于两国之间，更有一些人留居文莱，饶尚东先生在其著作中就谈到“华人和文莱的接触，根据史书的记载至少也有

---

① （清）张廷玉：《明史·三佛齐列传》卷三二四，第08408页。

② 《明太祖实录》卷四九，永乐三年（1405年）十二月癸亥朔。

一千年的历史”。[1]文莱国的特产，中国的瓷器、丝绸、金属制品，大批量往来于两国之间。

明朝政府一贯采取禁止私商出海的政策，对于官方贸易往来却没有过多限制，对文莱贡使更是采取“厚往薄来”“减免税收”的政策，文莱贡使看到这项贸易中的巨额利润，前往中国的文莱商人络绎不绝。明朝政府针对文莱的官方贸易并不是为了获利，更多的是为了宣扬国威，郑和下西洋就是一个典型事件。明朝历代皇帝基本都采取比较严厉的海禁政策，不允许百姓下海经商，因此民间商人只能以走私的形式进行贸易，明政府虽然厉行海禁政策，但是不同时期松紧程度不一，中国海商以其敏锐的洞察力，抓住每一个下海经商的机会，中国海商在文莱除了与当地商民、欧洲殖民者进行直接贸易外，还同第三地商人（主要是日本商人）进行中转贸易。此时欧洲殖民者商人和倭寇慢慢介入中文两国的贸易中，众多势力犬牙交错，致使中国海商在文莱的贸易始终无法打开局面，地位也逐步下降，中国海商在此时也大量移居文莱，他们不仅从事商贩贸易还广泛涉及种植业、陶瓷制造业、航运及服务业，为促进文莱社会发展做出巨大贡献。

在清代虽然中国和文莱之间的官方交往终止了两百多年，但是民间商贸往来并没有停止，中国商人在这一时期大量移居文莱，他们在从事商业贸易的同时，广泛从事造船业及胡椒种植业，胡椒贸易也成为两国商贸交往的大宗商品，这些中国商人长期同当地百姓居住在一起，将中国先进的生产技术带入文莱，极大地提高了文莱农业和手工业的生产效率。19世纪中叶之后，由于文莱在内部战乱不断和西方殖民者主义势力的控制，中文的民间贸易遭受重创，两国间绵延十几个世纪的商贸往来在这个世纪基本断绝。

从宋代至清末，中国和文莱的经济交流历经坎坷，从政府的“海禁”政策到殖民商人的入侵，都没能阻止两国商人的步伐，正是由于他们的努力，中国和文莱的经济交流才能在重重磨难中前进。

（三）“步步深入”的文化交流

宋元两朝由于中文两国间的交往深度不够，体现在文化上的交流并不明显，到了明代则得到了突飞猛进的发展，华人将中国的风俗习惯、农业生产技术、中医药学、蒸馏酿酒法带入文莱。陶瓷在很早的时候就已经传入文莱，但普及程度

① 饶尚东：《汶莱的人口与经济发腱》，新加坡：青年书局，2010年，第155页。

并不高，到了明代，这一饮食器皿进入文莱百姓的日常生活，大大改善了文莱人民的饮食健康状况。文莱是一个伊斯兰教国家，郑和也是出生于穆斯林世家，其船队中也有很多信仰伊斯兰教的穆斯林，他们除了自己的宗教信仰外，还包容和尊重中国的儒、佛、道文化。这些人抵达文莱后促进了两国的宗教文化交流，这种现象对于华人融入文莱社会起到了极大的推动作用。清代，中文两国之间的文化交流除了已有的情况外更进一步，由于华人与文莱当地百姓长期居住在一起，中国的主流文化儒家思想潜移默化地影响了文莱百姓。

宋至清末中文之间的文化交流，从表层的生产技术、风俗习惯到深层的文化交流，步步深入，这为两国之间各方面的友好交流奠定了坚实的思想文化基础。总的来说，中国和文莱的历代交往都以友好交流为基调，政治互访频繁，经济交往活跃，文化交流深入。当今，中文关系在此基础上得到了更全面的发展，两国关系堪称不同社会制度国家和睦相处、平等对待、互利合作的典范。

第二节 20世纪60年代两国关系

1962年12月8日文莱人民党为反对英国推行的“马来西亚”计划而发动武装起义。在决定起义的具体时间之前，人民党领导人阿扎哈里曾邀请沙捞越地下组织领导人文铭权到美里（Miri）与该党的三名代表秘密会晤，讨论武装起义问题。他们向文铭权透露，该党准备在不久的将来举行武装起义。当时文铭权强调，（1）起义应联合全北加里曼丹的进步力量一齐来搞，要和全北加各民族人民联合起来搞，由文莱的马来族单独搞，成功的希望不大；（2）武装斗争要有群众基础，要得到群众的广泛支持，特别是占人口多数的山区民族的支持，没有占大多数人口的山区民族作为可靠的同盟军，要取得胜利是不可能的；（3）现在的主要工作是大搞山区民族的工作；（4）要作长期打算，同时明确表示搞武装起义的时机还不成熟。但人民党表示对武装起义的决心已下，势在必行，认为只要沙捞越左翼力量支持他们，就一定能取得胜利。

但由于事先在组织革命队伍和发动群众方面的工作准备不足，并且在战略和战术上犯了冒进主义的错误，起义军在短短的时间内就被英国殖民统治当局从各地紧急调集来的军队打垮，在敌强我弱的情况下，起义军坚持奋战了两个多月，伤亡惨重，最后只得退入丛林，起义终告失败。英国殖民统治当局“趁火打劫”，于同年12月12日在沙捞越展开反革命大扫荡，一天之内就逮捕了48名左翼人士，并封闭了所有的进步报刊和进步社团，其中还包括“沙捞越人民联合党”的部分支部和分部，使沙捞越顿时陷入一片白色恐怖的气氛中。所幸的是”沙捞越解放同盟”（简称“沙盟”）领导层事前已有应急准备，所以沙盟及其外围组织先进青年会的各级干部和大部分成员都能躲避敌人的逮捕迅速转入地下，避免了遭受更大的破坏。

1963年初，转入地下的沙盟和先进青年会干部与成员陆续分批转移到沙印边境，大多数越过边界线来到印尼西加里曼丹集结。当时还有不少一般进步群众也跟随他们来到西加里曼丹。据不完全统计，当时到西加里曼丹的北加里曼丹各族青年（包括受文莱人民党和沙捞越马来青年阵线影响的）人数大约有2000人。此时，文莱人民党主席阿扎哈里和沙捞越马来青年阵线领导人阿末再迪等也来到西加里曼丹，他们正准备搞武装斗争，当时印尼苏加诺政府坚决反对英国推行的“马来西亚”计划，并公开支持北加里曼丹人民反对“马来西亚”，争取独立的斗争。因此，西加里曼丹当时也就成为北加里曼丹反对英国殖民统治者和“马来西亚”新殖民主义的各路力量的庇护所和集中地。印尼政府除了给予他们精神上与物质上的支持外还提供军事援助。

另一方面，1962年文莱人民党的起义得到了中国的声援，中国对文莱人民党起义的态度对文莱与中国关系造成了影响。1962年12月15日，中国亚非团结委员会发表声明说：“中国亚非团结委员会对文莱人民为了反对英帝国主义、争取完全的民族独立而进行的武装起义，表示深切同情和坚决的支持，并对英国镇压和屠杀文莱人民的血腥暴行表示强烈的谴责。”“中国人民一贯深切同情和坚决支持亚洲、非洲和全世界各国人民反对帝国主义、殖民主义，争取民族独立的正义斗争。帝国主义和殖民主义无论采取武力镇压或任何其他手段，都不能阻挡各国被压迫人民争取独立自由的历史洪流。我们深信，文莱人民最后一定能够彻底消除殖民压迫，实现完全独立的民族愿望。”①

不仅如此，1964年3月27日，《人民日报》还发表了题为《反对新殖民主义的产物“马来西亚”》的社论，强烈谴责“马来西亚”联邦，是英帝国主义在美帝国主义支持下一手导演的新殖民主义产物。并强调，“虽然北加里曼丹人民的

① 《中国亚非团结委员会发表声明 坚决支持文莱人民的武装起义》，《人民日报》，1962年12月16日。

武装力量现在还不很大，他们的斗争任务还是长期、艰苦和复杂的；但是，只要他们坚持斗争，并且善于在斗争中总结自己的经验，吸收世界其他被压迫民族的斗争经验，他们就一定能够在广大人民群众的支持下，不断成长壮大，给敌人以致命的打击。”该篇《社论》最后指出，“北加里曼丹人民为争取民族独立的斗争，是完全符合万隆会议关于民族自决的原则的。这个地区的人民拿起武器来抗击英帝国主义及其追随者的残暴镇压，是完全正义的。中国人民怀着崇敬的心情，注视着北加里曼丹人民的英勇斗争，并且把这一斗争看作全世界人民反对帝国主义、新老殖民主义斗争的一个重要组成部分，给予坚决的支持。”

尽管中国当时的矛头是指向英国，反对英国的殖民统治和镇压。但当时文莱苏丹与人民党的矛盾也非常尖锐。因此，中国的声援在相当长的一段时期里给文莱与中国的关系蒙上了阴影。

第三节 1984年以来的文莱与中国关系

1984年独立以来，文莱和中国的双边关系开启了新的历程。1984年1月1日，中华人民共和国主席李先念致电文莱苏丹国苏丹哈桑纳尔·博尔基亚，热烈祝贺文莱苏丹国获得全面独立。中国总理也向哈桑纳尔·博尔基亚致电，热烈祝贺文莱苏丹国宣布全面独立，并宣布中国政府决定承认文莱苏丹国政府。

1988年联合国大会期间，中国外长钱其琛会见了文莱外交大臣穆罕默德·博尔基亚。1989年9月，应文莱工业与初级资源部的邀请，中国对外经济贸易部部长助理谷永江率领的中国官方经济贸易代表团对文莱进行首次正式访问。代表团这次访问旨在与文莱就建立双边直接贸易关系、开展多种形式的互利合作问题交换意见。1991年4月，中国外交部副部长徐敦信率团访问文莱。他与文莱副外交大臣拿督·穆罕默德·阿里和外交部常务秘书林玉成举行了会谈，双方就包括两国建交在内的双边关系问题以及共同关心的地区和国际问题交换了意见，取得了广泛的共识。双方表达了在和平共处五项原则和联合国宪章基础上进一步发展两国关系的愿望。文莱外交大臣穆罕默德·博尔基亚表示，虽然文莱同中国尚未正式建立外交关系，但两国之间不存在任何问题，文莱方面正在考虑同中国建交的问题，并愿意与中方进行经济、文化等方面的交往。[①] 1991年7月，钱其琛外长

① 《文莱外交大臣等会见徐敦信 双方就进一步发展两国关系取得广泛共识》,《人民日报》, 1991年4月13日。

会见了文莱外交大臣穆罕默德·博尔基亚，双方就两国建交和领导人互访问题进行了交流。钱其琛说，“中国对中文两国之间的关系逐步发展感到高兴，随着中国同文莱关系的不断发展以及中国同东盟关系的密切，中文两国建交的时机已经到来。”博尔基亚外长也对文中两国关系的发展表示满意。他说：“文莱对文、中建立外交关系持积极态度，文中两国往来历史悠久，文莱对中国发生的水灾深表同情，并将对中国灾民提供援助。”[①] 9月，文莱外交部常务秘书林玉成一行访华，双方签署了《建交联合公报》和《谅解备忘录》，文莱政府还向中国遭受水灾的灾区人民捐赠5万美元。1991年9月30日，中国外交部长钱其琛和文莱达鲁萨兰国外交大臣穆罕默德·博尔基亚亲王在联合国总部签署了《中华人民共和国政府和文莱达鲁萨兰国苏丹陛下政府关于两国建立外交关系的联合公报》。公报称文莱和中国根据两国人民的利益和愿望，决定自本联合公报签字之日起两国建立大使级外交关系。两国政府同意在和平共处五项原则和联合国宪章的基础上发展两国之间的友好合作关系。大使级外交关系的建立掀开了文莱和中国关系新篇章，钱其琛外长和博尔基亚大臣都一致认为中国和文莱建交意义重大。钱其琛当时把与文莱的关系放在中国—东盟关系大背景下考察，他说，“现在所有东南亚联盟（简称东盟）六国都同中国建立了正式关系，今年东盟外长会议在吉隆坡举行，还邀请中国参加，同他们进行对话。明年还要继续这种对话，这对这个地区的和平与稳定是非常重要的。”文莱外交大臣博尔基亚亲王则说，文、中两国建交是一个“历史性的事件”。“现在两国的历史性联系已建立起来”。希望这次正式建交“能增进两国的关系”。[②]

建交后，文莱和中国在政治、经济、文化、教育等领域的合作和交流都取得了长足进展。两国在地区事务和国际问题中相互合作，相互支持，双边关系在平稳中发展深化。

一、高层往来频繁，政治关系稳定

建交以来，文莱和中国高层互访频繁，两国政治关系平稳发展。1992年7月，中国国务委员兼外交部长钱其琛访问了文莱。在机场发表的书面讲话中，钱其琛说：“这次访问将使我有机会同文莱领导人就共同关心的双边关系和国际问题交

① 戚德良、丁宝忠：《钱其琛会见苏联副总理 文莱巴新外长》，《人民日报》，1991年7月21日。

② 《钱其琛外长和博尔基亚大臣一致认为中国文莱建交意义重大》，《人民日报》，1991年10月2日。

换意见，探讨加强和扩大两国经济、贸易等各个领域合作的途径。中文两国是友好国家，两国人民的友好交往源远流长。去年两国正式建交，两国友好关系从此进入了全面发展的新时期。我相信，在双方共同努力下，两国友好关系必将进一步巩固和发展。”[①]文莱外交大臣穆罕默德·博尔基亚与钱其琛就双边关系和共同关心的问题进行了深入交流。文莱苏丹对中国的“国家不分大小，都应和睦相处，特别是互不干涉内政”政策表示赞赏。认为钱其琛的访问“开辟了两国密切合作的道路”。[②]

文莱工业与初级资源部部长阿卜杜勒·拉赫曼·塔伊卜和内政部长兼苏丹特别顾问拿督·伊萨也分别会见了钱其琛。在接受文莱媒体采访时，钱其琛说两国虽然建交不久，但关系发展很好，不存在任何问题。中国和文莱关系是世界上人口很多的大国与人口很少的小国平等友好合作的典范。在谈到两国贸易时，钱其琛说文莱和中国“可进行直接贸易，这不会影响到目前经香港和新加坡的贸易，而是一种补充；中国具有一定的科技力量，双方可以进行技术合作；中国在发展中、小型企业方面有些经验，可以同文莱进行交流”。[③]

1993年6月，文莱外交大臣穆罕默德·博尔基亚访问中国，与钱其琛外长进行了会谈。双方同意两国将在对方首都互设常驻使馆，以便于两国间的交流与合作。钱其琛外长对文莱和中国的关系进行了简短的评论，他表示：“中国政府重视发展同文莱的友好关系，希望并相信中、文两国建立在联合国宪章和和平共处五项原则基础上的友好合作关系一定会得到不断的巩固和发展。”他说：“中国同文莱是一海相隔的友好邻邦，两国有着上千年的友好交往历史；只是由于近代殖民主义的入侵，两国关系才中断了。中、文两国于1991年建交以来，两国互派了大使，开始了高层互访，增加了经贸往来。1993年3月，文莱政府又宣布取消对公民访华的限制；5月，中、文两国签署了民航协定。这些使双边关系有了良好的开端，展示了广阔的前景。”[④]博尔基亚亲王完全赞同钱其琛对两国关系的评论。他表示相信在双方的共同努力下，文、中两国友好关系和两国人民的传统友

① 丁宝忠：《钱其琛外长抵文莱访问》，《人民日报》，1992年7月18日。

② 丁宝忠：《文莱苏丹和元首会见钱其琛 博尔基亚外交大臣同钱外长会谈》，《人民日报》，1992年7月19日。

③ 丁宝忠：《钱其琛在接受记者采访强调 东南亚应保持和平稳定》，《人民日报》，1992年7月20日。

④ 陈永红：《中国文莱外长举行会谈 文莱苏丹陛下将于年内访华》，《人民日报》，1993年6月11日。

谊将会继续得到加强和发展。双方还对中国—东盟关系、柬埔寨问题、两国经贸关系问题展开了讨论。

1993年6月外交大臣穆罕默德·博尔基亚亲王再次访华，国家副主席荣毅仁接见并与之进行了会谈。荣毅仁表示，中国、文莱是近邻，两国人民之间有着悠久的传统友谊。两国可以在各个领域，尤其是在经济、贸易领域，发展互利合作，把两国关系推向一个新的水平。博尔基亚亲王对两国关系的发展表示满意。认为双方可以在经济领域，特别是在石油化工方面加强彼此间的合作。

1993年8月，文莱外交部常务秘书林玉成访华；11月，苏丹哈桑纳尔·博尔基亚对中国进行国事访问。11月4日，哈桑纳尔·博尔基亚与江泽民主席就两国关系、共同关心的问题进行了商谈。在谈到双边关系时，江泽民主席说："中文两国是隔海相望的友好邻邦，自古以来两国人民之间就有着传统的友好往来，结下了深厚的情谊。中国重视同文莱发展友好合作关系，对建交以来双方在各个领域的合作感到满意。苏丹陛下此次访华对进一步推动两国关系的发展非常重要。"江泽民主席表示，中国愿意与文莱共同努力，使两国友谊更加发扬光大，使两国经贸合作关系在平等互利的基础上进一步得到发展。哈桑纳尔对自古以来两国间的友好交往和传统友谊表示赞赏。他说，"此次访华的目的是进一步密切同中国的关系，相信在这之后会有更多的文莱商人来访，进一步促进两国经贸关系的发展。"他表示很高兴看到中国与东盟国家之间有着友好合作关系，并对中国独立自主的和平外交政策表示欣赏。他认为，各国应该和平共处并为之做出努力，世界才能实现真正的和平。[①]11月5日，国务院总理李鹏接见了哈桑纳尔·博尔基亚，李鹏总理对文莱在经济建设方面所取得的成就表示赞赏，并希望两国在平等互利的基础上加强经贸往来。哈桑纳尔则说，文莱作为一个小国非常赞赏中国在国际事务中坚持大小国家一律平等的立场，中国经济的发展只会对本地区有利，而不会对邻国构成威胁。[②]

1994年11月，文莱苏丹胞妹、文莱外交部无任所大使哈贾·玛斯娜公主和由她率领的文莱外交部代表团访问了中国。1995年1月，中国国务委员兼国务院秘书长罗干访问了文莱。1999年8月，文莱苏丹访问中国，双方就两国关系的发

① 吴绮敏：《文莱苏丹哈桑纳尔来我国访问 江泽民主席主持仪式热烈欢迎 宾主在会谈中就两国关系和双方感兴趣问题交换意见》，《人民日报》，1993年11月5日。

② 吴绮敏、吕岩松：《李鹏会见文莱苏丹哈桑纳尔》，《人民日报》，1993年11月6日。

展签署了《联合公报》。两国同意根据中国—东盟首脑会议联合声明的精神进一步发展两国间关系；双方确认，《联合国宪章》《东南亚友好合作条约》所确定的原则、和平共处五项原则及其他公认的国际法原则应成为指导两国关系的基本准则。双方强调，国家不分大小，一律平等；在相互尊重主权和领土完整、互不侵犯、互不干涉内政、平等互利及和平共处原则的基础上，各国有权选择自己的社会制度和发展模式；双方同意继续保持高层接触和交往，继续开展政府各部门及各级官员之间的交流。双方将继续保持两国外交部之间的年度磋商，讨论双边关系和共同关心的国际及地区问题；双方认为，经贸合作是两国关系的重要组成部分。两国政府将继续提供便利，推动两国间的贸易和投资，并鼓励两国商业部门或企业在平等互利的基础上加强在旅游、石油化工、农业、渔业、制造业及其他感兴趣的领域的合作。双方希望两国关于鼓励和保护相互投资的协定能够尽早得到签署；双方认为，两国尚有潜力扩大现有水平上的合作。双方同意进一步促进教育、卫生、文化领域的合作。为此，双方欢迎文化合作谅解备忘录的签署。双方还表示有兴趣探讨在科技和防务领域进行双边合作的可能性；双方对中国与东盟国家间友好关系的发展感到满意，认为中文合作推动了中国和东盟在各领域的关系。他们认为，进一步巩固和发展上述关系符合有关各国的共同利益，有利于亚太地区的和平、稳定与繁荣。双方愿在联合国、东亚领导人非正式会晤、东盟地区论坛、亚欧会议、亚太经合组织会议等多边场合加强磋商与配合；双方认为，国际形势正经历着深刻变化，世界多极化和经济全球化正在发展。双方认为，这既带来了挑战，也提供了机遇。双方决心进一步加强合作，为维护国际和平、稳定及繁荣作出共同努力；文方按照其一个中国的政策，重申承认中华人民共和国政府是中国的唯一合法政府，台湾是中华人民共和国领土不可分割的一部分。①《联合公报》的签署为文莱与中国关系的发展指明了方向。

2000年11月，江泽民主席对文莱进行了国事访问，与文莱苏丹就两国关系的深化发展进行了深入交流，提出了进一步发展两国关系的“四项建议”：双方继续保持高层交往，进一步增进彼此之间的了解和友谊；积极拓展各领域的互利合作，将拓展石油化工、旅游和农业领域的合作作为两国合作的重点；鼓励多种形式的民间交流，包括两国青年、文化、教育等各个领域的交流；加强在国际和

① 《中国和文莱发表联合公报》,《人民日报》, 1999年8月24日。

地区事务中的合作。博尔基亚对江泽民主席提出的四项建议表示赞同。他说，自去年他访华双方发表《联合公报》以来，两国确立的合作项目已取得明显进展，文方对此感到满意和高兴。他还强调文莱愿努力扩大和加强同中国在各个领域的友好合作。他还希望双方加强民间交往。[①] 会见中，苏丹博尔基亚向江泽民主席授予了“最珍贵的王室勋章”。勋章体现了江泽民主席和中国人民在文莱享有的崇高威望，也是对江泽民主席个人成就的肯定，体现了中文两国的悠久友谊与良好合作。2001年5月，文莱苏丹博尔基亚再次访问中国，与江泽民主席和李鹏委员长就两国关系和共同关心的问题进行了交流，双方回顾了建交10年来两国关系的发展历程和经验。

文莱和中国频繁的高层互访对增进两国友好关系、增进两国间的信任与合作发挥了重要作用。2004年9月，文莱苏丹哈桑纳尔·博尔基亚访华，胡锦涛主席和吴邦国委员长先后接见了哈桑纳尔·博尔基亚，双方就两国关系和地区问题进行了交流。胡锦涛主席称：“中国和文莱的关系堪称不同社会制度和大小国家和睦相处、平等相待、互利合作的典范。”中国愿本着“与邻为善、以邻为伴”的方针，与文莱高层保持交往，增进政治互信；完善经贸合作机制，为扩大贸易和投资创造更加有利的条件。中国政府还鼓励中国公司积极参与文莱油气资源勘探开发和基础设施建设，希望深化两国在这些领域的合作，支持文莱正在实施的经济多元化战略，也欢迎更多的文莱企业来华投资兴业。胡锦涛主席还表示，希望扩大两国各部门、各层次的交流与合作，继承和发扬两国人民的传统友谊，共同维护和促进本地区的和平与繁荣。哈桑纳尔则对两国关系的发展现状表示满意，并承认中国的完全市场经济地位，重申文莱坚持奉行一个中国政策。他还高度评价中国积极维护亚太地区稳定及在和平解决地区热点问题中发挥的重要作用。[②] 9月22日，文莱和中国共同发表了《联合公报》，主要内容为：[③] 双方对两国建交13年来在政治、经贸、文化、教育、卫生、司法、防务等领域合作取得的进展表示满意。双方一致认为发展中、文友好合作符合两国和两国人民的根本利益，表示愿共同推动双边关系迈上一个新台阶；双方强调1991年《建交公报》和1999

① 吴绮敏：《江泽民主席与文莱苏丹会谈 就加强两国在新世纪的双边等关系等问题交换意见》，《人民日报》，2000年11月18日。

② 马剑：《胡锦涛主席与文莱苏丹会谈》，《人民日报》，2004年9月22日。

③ 《中国和文来发表联合公报》，《人民日报》，2004年9月23日。

年《联合公报》所确定的原则，包括相互尊重主权和领土完整以及互不干涉内政等原则，对两国友好关系发展具有重要指导意义。文方重申将继续坚定坚持一个中国政策，认为台湾是中华人民共和国不可分割的一部分；双方同意继续保持两国领导人经常交往，推动两国各层次官员交流。双方还一致同意拓展全方位合作，以增进相互了解与信任。为鼓励两国民间交往，双方对“中国与文莱友好协会”的成立表示欢迎；双方注意到两国签署《高等教育合作谅解备忘录》和《最高法院合作谅解备忘录》，表明双方有关部门希望建立更加密切联系的意愿正不断加强；双方同意加强经贸联系，扩大贸易和双向投资，争取2010年双边贸易额达到10亿美元。文莱承认中国的完全市场经济地位；双方还一致认为两国有关部门签署《促进贸易、投资和经济合作谅解备忘录》将有利于两国政府加强和扩大农业、能源、旅游、交通、通信和基础设施建设等领域的双边合作。双方对两国有关部门签署《避免双重征税和防止偷漏税的协定》表示欢迎；鉴于工商界对经济发展的重要贡献，双方鼓励两国企业在已经确定的合作领域进行投资。双方欢迎中国企业参与文莱油气资源的勘探开发；关于地区合作，双方赞赏中国与东盟关系近年来取得的显著进展，一致同意密切合作，共同推动中国东盟战略伙伴关系的发展。双方重申致力于中国—东盟自贸区的建设。双方同意通过现有的东盟与中、日、韩（10+3）合作机制进一步推动东亚合作。中方重申将支持东盟在东亚合作进程中继续发挥主导作用。在次区域合作方面，文方欢迎中方支持并参与地跨文莱、印度尼西亚、马来西亚和菲律宾的东盟东部增长区建设；双方表示将继续致力于维护南海地区的和平与稳定，与东盟其他国家一道落实《南海各方行为宣言》后续行动。双方还表示愿探讨在南海开展合作的途径。关于东北亚局势，文方赞赏中方在六方会谈中发挥的重要作用，认为会谈有助于维护地区和平、安全与稳定；双方同意加强两国在联合国、东盟地区论坛、亚太经合组织、亚欧会议、世界贸易组织以及其他国际和地区组织中的协调与配合，以进一步促进和平、稳定与发展；双方重申致力于打击一切形式的恐怖主义，主张反恐应采取综合措施，包括应设法解决产生恐怖主义的根源问题。双方还表示反对将恐怖主义与特定的民族或宗教相联系，并呼吁加强国际反恐合作。《联合公报》是对文莱和中国建交以来关系的一次总结，也是1999年《联合公报》的深化和发展，进一步为中国和文莱的关系发展指明了更加具体的方向。

2005年4月，胡锦涛主席访问了文莱，与文莱苏丹就双方关心的共同问题进行了讨论。博尔基亚说，中国和文莱两国近年来在经贸、教育、卫生、能源、旅游等领域的合作成绩斐然，相信“胡锦涛主席的访问将会有力推动两国关系进一步发展”。胡锦涛主席说，中国和文莱两国永做好邻居、好朋友、好伙伴。此外，为了进一步推进两国关系，胡锦涛主席提出了六点想法和建议[①]：（1）利用2006年两国建交15周年，双方共同举办庆祝活动，进一步弘扬两国人民的传统友谊，兴起两国友好的新高潮。（2）中文两国经济具有较强的互补性。中国在人力资源、市场、技术方面具有优势，文莱资金雄厚、油气资源丰富，双方经贸合作具有较大潜力，可结合各自的发展战略进一步拓展经贸合作领域，实现互利双赢。（3）双方在能源领域合作密切，原油贸易已成为双方经贸合作的支柱，两国企业可进一步加强交流和合作。（4）中方高度重视同文莱发展旅游和航空合作，将继续鼓励中国游客赴文莱旅游。（5）双方可继续加强在军队人员交流、培训等领域的合作，推动两军关系取得更大进展。（6）中方欢迎文莱在香港和上海开设总领事馆。六点建议为中国和文莱关系的深化发展指明了具体的方向，具有非常强的可操作性，得到了文莱苏丹的肯定和赞扬。

2005年以来，文莱和中国之间高层往来一直不断。主要有：2005年9月，中国国务院副总理吴仪访问文莱；10月，文莱国防部副部长亚斯敏一行访华。2006年4月，文莱外交和贸易部无任所大使玛斯娜公主访华；6月，文莱外交和贸易部第二部长林玉成访华；9月，文莱外交和贸易大臣穆罕默德亲王访华。2007年5月，中共中央政治局常委、中央纪委书记吴官正访问文莱；6月，中国全国人大常委会副委员长、中国东盟协会会长顾秀莲访问文莱。2008年1月，中华人民共和国中央军委副主席、国务委员兼国防部长曹刚川上将访问文莱；2月，外交部长杨洁篪访问文莱。2011年3月，全国人大常委会副委员长华建敏访文；5月，全国政协副主席陈宗兴访文；6月，玛斯娜公主访华；9月，国务院副总理回良玉过境文莱；10月，全国政协副主席兼全国工商联主席黄孟复访文；11月20日，温家宝总理在中文两国建交20周年之际访问了文莱。温家宝总理与文莱苏丹哈桑纳尔就两国关系、地区合作等问题进行了磋商。谈及两国双边关系时，温家宝总理说“中文两国是传统友好邻邦。建交20年来，两国始终相互尊重，平等相待，友好相处，为双边关系发展和地区和平、稳定与繁荣。中文关系是大小国家

① 王恬：《离京出访东南亚三国首抵斯里巴加湾市开始对文莱进行国事访问　胡锦涛同文莱苏丹博尔基亚会谈》，《人民日报》，2005年4月21日。

和谐共处、共同发展的典范。”温家宝总理表示，“中方愿与文方保持高层交往，就重大问题加强沟通协调，增进政治互信，推动双边关系取得新进展。中方支持文莱推进经济多元化发展的努力，双方要利用经贸磋商机制，加强贸易和投资合作。中方愿积极参与文方基础设施建设，推动两国在能源领域合作从油气贸易向上下游产业合作方向发展，扩大在农业、渔业、新能源、可再生能源等领域合作。双方要以中文友好年为契机，弘扬传统友谊，进一步密切在教育、旅游、新闻媒体、青年等领域交流合作。”哈桑纳尔表示，“文中建交20年来，两国关系取得长足发展，双方在各领域的合作富有成效。文方高度重视对华关系，坚定奉行一个中国政策，愿与中方一道，在相互尊重、和平共处原则基础上，全面推进务实合作，把双边关系提升到更高水平，造福两国人民。”①2012年4月，全国政协主席贾庆林对文莱进行正式友好访问。

2013年4月，文莱苏丹应习近平主席邀请再次对中国进行国事访问并出席博鳌亚洲论坛2013年年会。两国元首积极评价中文关系发展，决定将中文关系提升为战略合作关系，并发表了《联合声明》：②双方重申，将相互尊重主权和领土完整，互不干涉内政。文方重申将继续坚持一个中国政策，支持两岸关系和平发展与中国和平统一大业，中方对此表示赞赏。双方同意秉持友好和善意的精神，以和平共处五项原则、《东南亚友好合作条约》以及其他公认的国际法准则为指导，建立中文战略合作关系，以增进两国和本地区的和平、稳定与繁荣。双方同意进一步提升两国经贸合作水平，在交通、通讯、基础设施建设、金融等领域开展密切合作，鼓励双方企业探讨在基础设施建设等领域建立合资企业的机会，支持两国有关企业本着相互尊重、平等互利的原则共同勘探和开采海上油气资源。双方同意进一步深化防务安全合作，保持两军经常性互访，加强在人员培训、非传统安全领域及地区安全机制中的合作，进一步促进地区和平与稳定，并将继续致力于维护南海地区的和平与稳定，敦促有关各方继续保持克制，增进互信，加强合作。强调应由直接有关的主权国家根据包括1982年《联合国海洋法公约》在内的公认的国际法原则，通过和平对话和协商解决领土和管辖权争议。希望有关国家进一步落实《南海各方行为宣言》，朝最终制定“南海行为准则”而努力。

① 《温家宝在文莱王宫同文莱苏丹哈桑纳尔举行会谈》，中央政治局门户网站，2011年11月21日。

② 《习近平同文莱苏丹哈桑纳尔会谈　两国元首决定将中国与文莱关系提升为战略合作关系》，《人民日报》，2013年4月6日。

2013年10月，李克强总理应邀出席在文莱举行的第十六次中国—东盟（10＋1）领导人会议、第十六次东盟与中日韩（10＋3）领导人会议和第八届东亚峰会，并对文莱进行正式访问。访问期间，李克强同文莱苏丹举行正式会谈。强调中国政府高度重视发展同文莱的战略合作关系，并愿进一步提升两国战略合作水平：一是密切高层交往，就双边和重要国际地区问题加强协调。二是深化务实合作，促进双边贸易快速增长，推动基础设施建设合作，扩大农业和渔业合作。三是推进能源合作，拓展油气开发、炼化、油田服务等领域合作，落实好中国文莱就南海共同开发达成的重要共识，支持两国企业共同勘探和开采海上油气资源，实现互利共赢。四是密切人文交流，增进双方民众的相互了解与友谊，使两国友好世代相传。会谈后，两国领导人共同出席了《中华人民共和国政府与文莱达鲁萨兰国政府关于海上合作的谅解备忘录》《中国海油和文莱国油关于成立油田服务领域合资公司的协议》等双边合作文件的签字仪式。双方发表了《中华人民共和国和文莱达鲁萨兰国联合声明》。

频繁的高层互访既是文莱和中国政治关系不断深化的表现，也为文莱和中国关系的发展保驾护航，双方领导人的互访及时地对两国关系和共同关心的问题进行沟通，有效地维护了两国关系的健康发展。

二、经贸关系不断扩展

（一）经贸合作取得了长足进展

在文莱独立以前乃至独立后相当长一段时期内，文莱与中国之间基本上没有直接的贸易通商往来，而是通过中国香港、新加坡等第三地进行转口。[①] 由于两国经贸合作起步较晚，加上文莱市场有限，双边贸易额相对较小，1996年和1997年分别为3887万美元和3331万美元。受亚洲金融危机的影响，1998年和1999年双边贸易额下降为915万美元和809万美元。2000年，由于中方增加从文莱进口原油，两国贸易额升至7436.6万美元，创历史最高水平，增速跃居中国与东盟国家贸易之首。2001年，双边贸易额首次突破1亿美元，达1.65亿美元，同比增长122.4%。2002年双边贸易额达2.63亿美元，增长58.9%。其中中方出口2100万美元、进口2.42亿美元，分别增长22.7%和63.1%。2003年，双边贸易额

① 聂德宁：《中国与文莱经贸关系发展的现状及前景》，《南洋问题研究》，2008年第4期，第33页。

又有了较大发展，达3.46亿美元，增长31.6%。此外，2003年10月，中国国际石油化工联合公司与文莱壳牌石油公司签订了《钱皮恩原油长期合同》，每年从文莱进口石油130万吨，当年两国贸易额达3.46亿美元。近年来，两国经贸合作得到进一步提升。2011年，双边贸易额突破10亿美元大关，达到13. 1亿美元，同比增长27. 1%。2012年和2013年为16.08亿美元和17.94亿美元，比上年分别增长了22.6%和11.57%。

从商品结构看，中国向文莱出口产品：工业制品占86%，主要是纺织品和服装、钢材、金属制品、机械设备、家具、塑料制品、电子产品、运输工具、铝材、蓄电池、自行车、灯具；初级产品占14%，主要是肉制品、蔬菜及水果。中国从文莱进口产品：初级产品占99%，主要是原油；工业制品占1%，主要是金属制品。

表6-1 2001—2016年中国对文莱贸易统计 （单位：亿美元）

年份	出口	进口	总额	较上年增减（%）
2001	0.17	1.48	1.65	122.4
2002	0.21	2.42	2.63	58.9
2003	0.33	3.13	3.46	31.6
2004	0.48	2.51	2.99	–13.6
2005	0.53	2.08	2.61	–12.7
2006	1.00	2.15	3.15	20.7
2007	1.13	2.42	3.55	12.7
2008	1.30	0.89	2.18	–39.1
2009	1.40	2.82	4.22	93.5
2010	3.68	6.58	10.25	142.8
2011	7.44	5.67	13.11	27.1
2-12	12.52	3.55	16.08	22.6
2013	17.04	0.9	17.94	11.57
2014	17.47	1.90	19.36	7.96
2015	14.09	0.97	15.10	–22.2
2016	5.1	2.10	7.20	–52.4

来源：http://www.mofat.gov.bn/index.php?option=corn k2&View=207390.Html

（二）双方的投资合作不断拓展[①]

2001年11月，文莱和中国签署了《相互鼓励和相互保护投资协定》，为两国相互投资提供了保障。2002年，文莱在中国的投资额实现了突破。一年中，文莱对华投资项目达到67个，是两国建交10年来总计投资项目数的5倍。2004年9月，文莱和中国签署了《促进贸易、投资和经济合作的谅解备忘录》，有力地推进了两国的经济合作。至2005年6月底，文莱对华投资项目总和就达到了562个，实际利用外资金额2.46亿美元，合同外资额12.77亿美元。2008年文莱新增在华投资180项，实际利用外资3.40亿美元；截至2010年3月，文莱对华直接投资项目1 540个，合同外资额52.32亿美元。近年来，随着中国经济腾飞，中国在文莱的投资也在加快步伐。2011年12月，浙江恒逸石化有限公司在文莱投资建设年加工800万吨原油的石化项目，建设内容包括800万吨常减压装置、220万吨加氢裂化装置、150万吨芳烃联合装置、150万吨柴油加氢装置、100万吨煤油加氢装置，以及码头、罐区、电站、海水淡化等配套工程建设。项目总投资43.2亿美元，资金来源由股东单位自筹15亿美元，其余28.2亿美元申请银行贷款解决。

另一方面，双方的劳务合作逐步开展。2008年，中国企业在文莱签署承包工程、劳务合作、设计咨询合同总额66万美元，完成营业额72万美元。2009年下半年以来，陆续有文莱都东水坝、德里塞—鲁木高速公路和365套政府住房项目由中国和当地联营企业中标，将由中国公司承建。目前，越来越多的中国企业关注文莱市场，到文莱访问经贸团组日益增多，在文莱注册公司并正常开展业务的中资企业已有10家，业务范围包括电信服务、房地产开发、地质勘探、中医药、渔业、农业、水电和道路施工等。此外，2003年4月8日，文莱与中国首次实现海运直航。以前中国出口到文莱的货物要在新加坡组柜、配船，时间长、成本高；直航后从上海启程、经香港抵文莱只需一个星期，现在两国海运直航每周一班。新航线的开辟将刺激文莱本地的消费市场，为本地商家提供更多简便、价格合理的货运途径。

（三）其他领域的交流与合作逐步扩大

双方在文化、卫生、体育、教育、旅游等领域的交流与合作不断拓宽。两国先后签署了《民航协定》《卫生合作谅解备忘录》《文化合作谅解备忘录》《中

---

① 数据来源于中华人民共和国驻文莱达鲁萨兰国大使馆经济商务参赞处网站，http://bn.mofcom.gov.cn/index.shtml

华人民共和国最高人民检察院与文莱总检察署合作协议》和《中国公民自费赴文莱旅游实施谅解备忘录》，以及北京外国语大学与文莱大学签署的《合作谅解备忘录》。为进一步促进两国之间的人员往来，中国政府宣布，从2003年7月1日起，凡持普通护照来华经商、旅游观光、探亲访友或过境的文莱公民，停留时间从入境之日起不超过15天出境者，均免办签证，并可从中国对外国人开放的口岸出境。此外，双方体育团组互有往来，中方已有数名体育教练应聘赴文莱执教。文方向中方提供了数个奖学金名额，用以赴文莱进修英语和马来语。双方认为，两国尚有潜力扩大现有水平上的合作，并同意进一步促进教育、卫生、文化领域的合作。双方还表示，有兴趣探讨在科技和防务领域进行双边合作的可能性。

值得一提的是，双方农业合作是一大亮点。2009年5月，文莱工业与初级资源部长叶海亚应邀访华，与中国农业部签署了《两国农业合作谅解备忘录》。访华期间，代表团参观考察了广西农业科研机构、农业基础设施以及水稻、蔬菜、水果种植加工基地。近年来，文莱与广西的交流与合作快速发展，热带水果、蔬菜和水稻种植以及近海养殖、生态旅游等合作项目正在积极推进。根据“文莱农业科技发展有限公司”与“广西玉林市旺旺大农牧有限公司”项目合作协议，中方向文方提供优质杂交水稻品种、技术培训和专家指导。2009年在文莱开展水稻试种计划，2010年1月取得首批收割，成果不俗，预计可将文莱一般的传统种植每公顷2吨的生产量提升至每公顷8吨或最多11吨。2012年11月，两国政府又签订了《水稻种植、渔业养殖合作项目》。

文莱还十分重视参加中国—东盟博览会。自2004年参展以来，文莱参展规模不断扩大，商家逐年增加，展位日益增多。2007年10月，文莱王储比拉亲自率团出席第四届中国—东盟博览会和中国—东盟商务与投资峰会，并在开幕式上作为主题国致辞。2010年10月，由“文莱—中国友协”负责的位于南宁的“文莱国家商务联络处”大楼正式建成启用，在大楼内设立了“文中友协”的办事处，举行了由“文中友协”出版编辑的《中国·东盟商界》杂志推介仪式，为两国民间交流又搭建了一个加深了解和友谊的平台。

与此同时，两国军方也在逐步开展友好交往。文莱武装部队司令分别于1999年5月和2002年6月访华。2003年9月，中国人民解放军总参谋长梁光烈上将应邀访文，双方签署了《中文关于开展军事交流谅解备忘录》。同年11月，由南海舰队副司令员薛天培少将率领的中国人民解放军南海舰队编队对文莱进行了友好访问。2004年9月，文莱武装部队司令再次访华，并观摩了中国人民解放军“铁拳—2004”军事演习。

（四）在地区和国际事务中保持良好的协调和配合

双方对中国与东盟国家间友好关系的发展感到满意，认为中文两国合作推动了中国和东盟在各领域的关系。双方认为，进一步巩固和发展上述关系符合有关国家的共同利益，有利于亚太地区的和平、稳定与繁荣。双方愿意在联合国、东亚领导人非正式会晤、东盟地区论坛、亚欧会议、亚太经合组织等多边场合加强磋商与配合。双方还认为，国际形势正经历着深刻变化，世界多极化和经济全球化正在发展，这既带来了挑战，也提供了机遇。双方决心进一步加强合作，为维护国际和平及繁荣做出共同努力。

（五）两国关系中的南海问题

友好合作是文莱与中国关系的主流，文莱和中国在南沙群岛海域存在个别岛礁领土问题和海洋管辖权争议。1984年独立后，文莱对中国南沙群岛的南通礁提出领土要求。文莱以国内法的形式宣布文莱实行200海里专属经济区制度，其海洋管辖权主张覆盖中国南沙群岛部分海域，由此产生海洋管辖权主张重叠问题。

但在两国和平友好大局下，双方对南沙海域的争议都比较克制，南沙海域的争议并没有对两国关系造成明显的影响。2013年10月，李克强总理访问文莱期间，两国共同发表的《联合声明》提及了南海问题，双方强调应由直接有关的主权国家根据包括1982年《联合国海洋法公约》在内的公认的国际法原则，通过和平对话和协商解决领土和管辖权争议。双方重申将致力于全面有效落实《南海各方行为宣言》，维护地区和平、稳定和安全，增进互信，加强合作。双方欢迎2013年9月15日在中国苏州举行的落实《南海各方行为宣言》第六次高官会，及在落实《南海各方行为宣言》框架下就“南海行为准则”进行的磋商取得的积极进展，认为应以循序渐进和协商一致的方式稳步推进“南海行为准则”进程。[①]

三、和谐共处的友好典范

中国和文莱是传统友好邻邦，两国人民的友谊源远流长。中国史书中多次记

① 《中华人民共和国和文莱达鲁萨兰国联合声明》，《人民日报》，2013年10月12日。

载了两国官方和民间的友好交往。中国南京市的渤泥王墓和文莱斯里巴加湾市的“王三品路”已成为两国友好交往的历史见证。月转星移，代代不息，中、文两国的传统友谊在历史的长河中与时俱进，不断发展。

1991年，中国与文莱正式建立外交关系，揭开了两国关系史上崭新的一页。建交20多年来，在双方共同努力下，特别是在两国领导人的直接关心下，政治互信不断加深，经贸、能源等领域合作日益拓展。中国和文莱关系已成为大小国家平等相待、互利合作、和谐共处的典范。

2013年4月，应习近平主席邀请，文莱苏丹再次对中国进行国事访问并出席博鳌亚洲论坛2013年年会。两国元首积极评价中文关系发展，决定将中文关系提升为战略合作关系并发表了《联合声明》，为两国关系在新世纪的发展指明了前进方向，勾画了新的蓝图。

同年10月，李克强总理应邀出席在文莱举行的第十六次中国—东盟（10+1）领导人会议、第十六次东盟与中日韩（10+3）领导人会议和第八届东亚峰会，并对文莱进行正式访问。访问期间，双方发表了《联合声明》，决定进一步深化两国关系，并一致同意加强海上合作，推动共同开发。

2018年11月19日，应文莱苏丹哈桑纳尔邀请，习近平主席对文莱进行国事访问，这是中国国家元首时隔13年再次访问文莱，具有里程碑意义。两国元首高度评价中文关系积极发展势头，一致决定将两国关系提升为中文战略合作伙伴关系，并愿以此访为契机，加强双方在贸易、投资、农业、旅游、教育、人文、司法协助等领域交流合作，促进两国人民福祉，引领中文关系迈上更高台阶。

频繁的高层互访既是文莱和中国政治关系不断深化的表现，也为文莱和中国关系的发展保驾护航，双方领导人的互访及时地对两国关系和共同关心的问题进行沟通，有效地维护了两国关系的健康发展。

回顾两国友好关系不断发展所取得的成功经验，首先是要坚持和平共处五项原则，这是两国关系不断发展的重要政治基础。其次是拓展两国各个领域的互利合作，这是推进中文关系发展的不竭动力。第三是加强双方在地区和国际事务中的协调与合作，这是维护两国的共同利益的纽带。中国与文莱发展睦邻友好合作不仅符合两国人民的愿望，而且也有利于本地区的和平、稳定与繁荣。

如今，中国和文莱两国都处于发展的关键时期，合作空间十分广阔，在苏丹陛下的领导下，文莱经济繁荣，人民安居乐业。文莱启动“2035宏愿”计划，努力实现经济可持续发展，提高人民生活质量。中国提出到2020年实现全面建成小康社会宏伟目标，努力推进创新转型，打造中国经济升级版。只要双方进一步加强沟通协调，紧密结合各自发展战略，不断扩大利益融合点，深化互利合作，丰富合作内涵，就能携手共创中国和文莱关系更加美好的明天。

第四节　文莱的华人社会

一、文莱的华人概况

公元6世纪左右，中国商人就开始陆续到文莱经商。明朝时期，随着两国关系的发展，到文莱谋生和经商的中国人多了起来。在清吏府解除海禁之后，很多华人移居文莱，从事香料和水稻的种植和淘金业。20世纪30年代，大量的中国人开始移居文莱。1931年至1947年是文莱华人数量增长最快的时期。1931年，文莱华人人口为2 683人，占当时文莱总人口的8.9%；1947年增长到8 300人，占文莱当时总人口的20.4%。1960年，文莱的华人达到了21 975人，占文莱人口的26%，当时是华人人口占文莱人口比例最大的时期。20世纪70年代，文莱华人人口数量增速减缓。据2004年统计，文莱华人占文莱总人口的11.2%。[①] 文莱的华人按照其在文莱的地位和享受的待遇可以分为3个层次：一是已经入籍，享受文莱国民待遇、持“黄卡”的文莱公民，据2004年统计，这一类华人占文莱华人总数的23%；第二类是没有入籍的永久性居民，占华人总人口的29%；第三类是临时性居民，占华人总人数的48%。[②] 在文莱，公民权的授予很严格，1984年文莱独立后，新政府对国籍法和公民权进行修改，获得公民身份的条件由原来规定的在25年内连续在文莱居住20年，改为在30年内在文莱连续居住25年以上。到1986年，获得文莱国籍的华人总共才8 400人，占文莱华侨华人总数的20%。到1991年，文莱的华人总数为40 621人，有公民权的有9 393人，占23%，另有11 893人为永久居民，19 335人为临时居民。[③] 永久居民的护照为无国籍，他们不能像公民一样拥有房屋、土地，不能享受免费教育和免费医疗。他们的下

① http://www.cia.gov/library/publications/the-world-factbook/geos/bx.html.

② 张铭:《文莱华人现状讲座综述》,《华侨华人历史研究》, 2004年第6期，第78页。

③ 吴崇伯:《文莱的华侨华人经济》,《华侨华人历史研究》, 1994年第3期，第27页。

一代虽然在文莱出生，但如果想获得文莱公民的资格必须经过特别申请和通过严格的马来文及马来风俗习惯知识的考试。

文莱大部分华人祖籍是福建、广东和海南。文莱华人的城镇化水平非常高，大部分华人都居住在城市里，是文莱城市化水平最高的族群。据1989年文莱人口统计资料，文莱华人人口为44 400人。其中80%居住在城市，只有20%居住在农村。从地理分布上来看，约94%的华人居住在斯里巴加湾市所在地摩拉县和石油产区白拉奕县，其中摩拉县华人最多，占华人总数的61.4%。[①]

文莱是一个马来人居上的国家，1984年独立以来苏丹一直奉行“马来化、伊斯兰化和君主制”的立国哲学，在各个领域实施马来人优先的政策。尽管政府在经济上刻意扶持马来人并致力于国家伊斯兰化并鼓励异教徒皈依伊斯兰教，华人在经济领域仍然有相当大的发展空间，华人也可以保持原有宗教和发展华文教育，维持和发展华人意识和华族认同。文莱华人基本上能与当地政府和土著居民和睦相处，并能在经济领域维持相对优势地位。在现实生活中，文莱首都斯里巴加湾街头到处都可以见到中文招牌；华人大部分都还保留自己的宗教信仰，供奉自己的传统神位和庙宇。总体而言，华人在文莱生活的社会环境比较宽松，华人和马来人能够比较和睦地相处。

二、华人社团

文莱华人和其他国家华人一样建立了会馆和社团“联络乡谊”。文莱最早的华人社会形成于20世纪初期，当时的英荷壳牌石油公司在白拉奕县发现了石油，大批华人开始迁移到白拉奕县从事石油开采业，因此白拉奕县成为华人社会的诞生地。

由于经历了人民党起义的深刻教训，1984年独立以来，文莱严格限制政党的发展，因此文莱没有华人政党。但是文莱政府允许与政治无关的华人社团的存在。目前，文莱大概有数十个华人社团，每个社团会员数量不一，多者上千人，少则数十人。从其特点来看，文莱华人社团不存在宗亲会和以姓氏为纽带的社团，也不存在政治团体。目前文莱的华人社团主要是以地缘和业缘为纽带，其他还有宗教、福利、互助、文化和娱乐等性质的社团。几乎所有的华人社团都是独

① 万晓宏：《文莱华人现状分析》，《东南亚研究》，2004年第5期，第80页。

立于政府之外的非营利性组织，成员都是自愿加入。

目前，文莱的华人社团中地缘性社团有：白拉奕琼侨公会、白拉奕福州公会、客属公会、琼州公会、广惠肇公会、大埔同乡会、福建会馆；业缘性社团有：斯里巴加湾市中华商会、马诗中华商会、马诗华人机器公会、文莱建筑商公会；学缘性社团有：文莱留台同学会、

汶中校友会、中正校友会宗教团体、腾云阁文学团体、文莱留台同学会写作组文化与娱乐会社、文莱群声音乐社、斯市广惠互助社；体育团体有：文莱篮球总会。其中斯里巴加湾市中华商会是文莱最大的华人社团，与马来商会和国际商会并列为文莱三大商界组织。

华人社团的宗旨是为华人之间联络提供平台，增进团结。华人社团一般每年都会举行几次大的庆典活动，如周年庆典、新年与春节晚会等。

三、华文教育

文莱华人开办华文教育的历史较早，现在的斯里巴加湾市中华中学开办于1916年。1931年1月，白拉奕县华人创办了中华学校；至1938年诗里亚华社创办了中正学校。20世纪50年代是文莱华文教育发展的鼎盛时期，华文学校一度达到了126所，文莱目前现存的华校前身大部分都成立于这个时期。英国殖民统治时期，殖民政府对华文教育持宽容态度，允许其合法存在，并在经费上给予部分资助，但华校一般都必须在教育部门管辖之下。1956年，华文学校获得政府的最高资助为学校年度经费的一半。1969年8月20日，文莱政府停止了对华校的资助，该政策导致部分华校停办。

1984年后，文莱新政府颁布了《文莱1984年教育政策》，规定华校必须进行三语教学。必须把马来语和英语作为必修课，而中文只可以作为教学媒介语言。华校毕业的高中生必须参加全国高中毕业统一考试，马来文为必考科目。文莱华校的中文教师主要由文莱留学中国台湾地区的毕业生担任，此外也聘请亚细安成员国之合格专业教师执教，而其中以马来西亚教师居多。华人子女高中毕业后，大部分都能到英国、澳大利亚、新加坡、中国台湾地区接受高等教育，已经获得文莱国籍的华人子弟出国留学可以获得政府津贴支持。

目前，文莱的华文学校还有8所，3所中学、5所小学，分别为婆罗洲中华中学（斯里巴加湾市）、白拉奕中华中学、诗里亚中正中学；都东中华学校、九汀

中华学校、那威中华学校、淡布伦培育小学、双溪岭中岭小学。华文中学一般设有高中部、初中部、小学部和幼儿部。学制一般实行幼儿园3年、小学6年、初中3年、高中2年。文莱华校皆属私立性质，经费之来源除依靠学生学费外，尚需社会各界每年的慷慨捐献。因为文莱华人热心教育，经费一般还充裕。文莱华校教学质量好、管理有序，目前也吸引了大量的非华人子女，当地很多马来人都把子女送到华文学校上学。在有的学校非华人子弟所占的比例已经超过华裔学生，如据2002年统计，淡布伦培育小学非华裔学生占学生总数的71%，九汀中华学校有64%的非华裔学生。①

四、华人经济

文莱经济结构比较单一，石油和天然气是国家的经济支柱，华人经济是文莱国家经济的重要补充。早在13世纪末，就有华人开始到文莱从事农业垦殖。“第二次世界大战”后，文莱经济的迅猛发展吸引了大量的华人到文莱经商，加之文莱政府对华人实施比较宽松的政策，华人经济的发展也比较顺利。从行业分布来看，华人经济几乎涉及文莱所有的行业，主要以零售业为主。近年来，随着文莱经济的发展，华人企业也逐渐走向了现代化和专业化。

工业是文莱华人经济中的重要行业，除了不能涉足石油、天然气、橡胶等关乎文莱国计民生的大型工业外，文莱70%的中小型工业多由华人经营，主要有锯木厂、碾米业、食品加工、家具制造等。20世纪80年代后期，华人经营的新行业也涉及化工、电子、印刷等。

此外、机械、运输也是文莱华人经济的主项，与运输业相关的行业几乎都被华人包揽。近年来，随着文莱建筑业的兴旺，华人几乎垄断了大型建筑项目的建设。

农业是华人到文莱后最早从事的行业，目前仍然是华人经济的保留行业。至20世纪50年代，文莱华人经营的农业仍然以种植胡椒、橡胶和谷物为主。随着文莱经济的发展、需求的多元化，华人从事的农业也开始向蔬菜种植、禽畜饲养等转变。

总体来说，由于文莱长期以来实行马来人优先的经济政策，一定程度地限制

① 《文莱国之社会经贸发展》，斯里巴加湾中华商会，2003年，第15页，转引自万晓宏：《文莱华人现状分析》，《东南亚研究》，2004年第5期，第83页。

了华人经济，因此文莱的华人经济不像新加坡、马来西亚、菲律宾和印度尼西亚一样经济实力雄厚，影响大。少有的佼佼者几乎都是早期就到文莱定居并有较好经济基础和产业。

第七章　历史独特　社会稳定

第一节　古老国家历经坎坷

根据考古发掘，早在1万多年前这里已有人类定居，其文化经历过石器、铜器和铁器时代，其社会存在过长时期的原始公社制度。随着生产力的发展和阶级的分化，公元4世纪左右出现摩拉拔摩王国。9世纪中叶，被苏门答腊的室利佛逝帝国征服。10世纪末恢复独立。在其后 400余年中，国力强盛，版图辽阔，生产发展，商业繁荣，与中国和阿拉伯地区来往甚密。中国的《诸蕃志》、《岛夷志略》和阿拉伯的《快乐的书》等著作中对这一时期的文莱记述颇详（见渤泥）。14世纪末，文莱又被爪哇的麻喏巴歇帝国占领，成为其附属国。15世纪初，马六甲王国兴起，文莱曾依附该王国，不久，又恢复独立。该国国王皈依伊斯兰教，改制苏丹国。

直到1993年为止，文莱王朝（博尔基亚王室）是亚洲王朝中除日本菊花王朝外最长的现存王朝。1993年柬埔寨王朝复辟，现存最长的亚洲王朝才被有700多年历史的柬埔寨王朝代替，现任文莱苏丹是第二十九世哈桑纳尔·博尔基亚，文莱王朝从1363年开始传到现在已经有600余年。16世纪中叶以后，葡萄牙、西班牙、荷兰、英国等西方殖民者相继入侵，国土屡次被分割，国势逐渐衰微，只剩目前的领土，最后在1888年沦为英国的保护国。

第二节　民族独立进程独特

在摆脱殖民统治的大潮中，文莱的民族独立道路给人们留下了较为深刻的印象。一是文莱的民族独立进程不短也不长。如果以1947 年文莱青年运动要求实现国家独立视为文莱民族独立进程的起点的话，那么至1984 年宣布真正独立，其间经历了37 年的时间。与沦为英国“保护国”长达百年的历史相比，37 年的时间可谓不长；但与战后这一地区其他民族独立进程相比，文莱的民族独立进程不短。二是文莱民族独立国家的建立并没有遵循宗主国希望发生的那种模式，即建立代议制政府。换言之，英国在文莱近一个世纪的殖民统治并没有像在其他地方那样留下一笔难以抹杀的政治遗产，文莱的政治制度在这期间仍以一种不变的状态留存，贯穿始终。英国虽曾一度努力、尝试，如鼓励政治组织或党派的出现以及要求进行政治改革等，但均未取得成功。上述两个方面无疑是文莱民族独立道路的显著特点。

英国在第二次世界大战后维持帝国的实力明显不济，这注定了它必然进行战略收缩。英国一直在寻觅既能保证殖民政权平稳移交同时又能反映英国殖民统治的影响并确保在殖民撤退后自身利益得以实现的方式。如英国曾一度推崇大马来西亚联邦计划。这种多方考虑自然使得英国在文莱的殖民撤退不可能仓促进行，当然也不可能无限期地延宕下去。而与英国主动要求撤军相比，文莱国内代表民族主义的力量所施加的压力尚不足以从根本上影响英国的殖民策略。1962 年的文莱民族起义对殖民统治的冲击是不容低估的，因为虽然起义被镇压下去，但对英国人来说，首要的问题是恢复文莱的秩序的出路。自此以后，文莱国内反英政治力量的发展空间就受到了来自英国和苏丹两方的挤压。由于后期没有第三方政治力量的介入，英国和文莱之间就何时撤军等问题进行的磋商就因此变得容易操作，甚至出现某种程度的默契。事实上，正是应苏丹的请求，英国才推迟从文莱撤军。这在某种程度上决定了文莱的独立进程是在一种渐进有序的状态下进行。在苏丹看来，英国对文莱外交和军事大权的掌控，是该国长期保持和平环境的一个重要因素。甚至在文莱取得独立的前夕，苏丹本人坚信英国始终会在文莱背后给予支持。①

另一方面，文莱传统的政治文化和苏丹本人的权力倾向，是决定文莱选择何种政治体制或道路的关键性因素。公元5 世纪，文莱的马来君主制就已建立。哈桑纳尔·博尔基亚王朝算是世界上最古老的王朝之一。在殖民统治期间，英国是利用这个根深蒂固的王朝来进行统治的。这种间接统治的体制或模式，既保留了以苏丹为代表的传统社会上层的特权，又沿袭了原来的社会制度，从而维护了传统社会的基础和社会结构，也就在最大程度上或根本利益上维护了文莱民族和文化的传统。②所以，英国在文莱的殖民统治并没有危及这一古老社会所遵从的秩

① 汪诗明：《论文莱的民族独立进程》，《东南亚之窗》，2008年第3期，第47页。

② 汪诗明：《论文莱的民族独立进程》，《东南亚之窗》，2008年第3期，第47页。

序或准则——对苏丹的尊奉、对上层社会特权的维护以及对伊斯兰教的虔信等。由于英国很好地利用了苏丹的个人威望，而这种利用又间接地提高了苏丹的个人威信，因此，殖民统治期间，英国殖民当局与苏丹本人之间是合作多于分歧。当然，英国也希望文莱在政治上实现变革，而变革自然是以宗主国的威斯敏斯特体制为蓝本。在撒切尔夫人担任首相期间，她领导的保守党政府企图说服文莱苏丹举行选举，建立现代化的君主政权，进而独立自主，以便结束英国保护的制度，[①]但苏丹不为所动。从这个意义上看，英国在文莱长达近百年的殖民统治，并没有给文莱的政治体制带来大的变化。这正是文莱苏丹体制和传统政治文化的独特之处。

第三节　君主立宪长期稳定

自1984 年独立以来，文莱一直保持政治社会稳定，经济发展，人民生活富裕，其秘诀主要在于以下几方面的原因：

一、满足人民的物质生活需要是文莱政治社会保持长期稳定的基础

文莱是一个绝对君主制的国家，王室是文莱的主要统治者，有支配文莱社会物质分配的权力。从实际情况看，文莱政府非常重视经济的发展，以满足人民的物质生活需要。文莱自从1984年独立后，现任苏丹就一再提出了亲民的执政理念。2004 年9 月25 日，在王室举行的恢复成立被中断20 年的立法委员会开幕仪式的致辞里，苏丹就要求立法委员会和国民更亲近，使君主制国家更加强大。亲民政策是很实际的，就是必须解决民众的生存问题。文莱政府依靠本国丰富的石油和天然气资源发展经济，对以马来人为主体的文莱国民实行多项高福利政策。在政府财政支出中，经济服务及社会服务两项开支占每年度总支出的27%以上。[②]人民从国家的经济发展中得到了实实在在的切身利益。尽管在马来化、伊斯兰化和君主化的文莱社会，其他外来移民在政治上还有不太公平之处，但他们在这块高福利的国土上同样享受到高水平的生活。

---

① 汪诗明：《论文莱的民族独立进程》，《东南亚之窗》，2008年第3期，第48页。

② 王云娇：《对文莱能长期保持政治社会稳定的几点看法》，《东南亚纵横》，2005年第5期，第50页。

二、强调和平与安定的价值观，有利于国家长期保持政治社会稳定

文莱虽然国土面积不大，但也有20个民族。各民族在长期的发展过程中形成了自己的政治价值观。从哲学的观点看，其实世界是多样统一的。文莱根据自己国家以马来人为主体的大多数人信奉伊斯兰教的实际情况，制定了本国的政治制度和政治信仰。文莱自建国以来就把伊斯兰教指定为国教。它是国家政治思想的核心和理论基础，并已成为政府制定各项政策的原则和体现在整个社会的教育与管理之中。文莱苏丹在1989年2月的一次讲话中强调："国家的成就归于那种以文莱的价值观为基础的、遵循伊斯兰教教义的传统制度。"苏丹常在重大场合告诫人民"爱好和平，讲究奉献"，这才是伊斯兰教的真谛。[①] 文莱政府把"伊斯兰君主政治思想"当作检验文莱人民是否忠君效国的主要标准，不允许对这一思想提出任何质疑，任何人都不得反对政府的伊斯兰化政策，不得怀疑苏丹对伊斯兰教的虔诚，也不得怀疑苏丹在宗教上的权威。从文莱独立以来的政治社会情况看，文莱人强调和平与安定的价值观是成功的，文莱政治社会一直保持稳定，是东南亚国家中最稳定和最安全的国家之一。

三、严惩危及社会和国家安全的犯罪行为，保障社会稳定

文莱是一个独立的国家，它有权根据自己的国家情况制定有关法律和采取措施来维护本国的政治社会安宁。从国家安全角度来说，要保持社会的稳定，有国内外因素，这就要当局者处理好可能危及到国家安全的各种不利因素。文莱是一个绝对君主制的国家，文莱王室成员有一定的特权，但现任苏丹绝不允许王室成员有超越法律的犯罪行为，对王室成员违法行为敢于追究法律责任。另一方面，由于国小民寡，文莱政府对外来移民采取严格的措施。一是严格限制加入文莱国籍，文莱独立后对国籍法和公民权进行修改，实施了更加严厉的归化政策。二是对不合法的外来劳工采取严厉阻止的政策。三是对非法移民采取严厉处罚，非法移民一旦被查出来，要监禁半年并罚款。此外，文莱政府还针对近年来国外毒品泛滥的情况，采取了加大打击贩毒的力度，以阻止毒品对文莱的渗透。文莱政府

① 王云娇:《对文莱能长期保持政治社会稳定的几点看法》,《东南亚纵横》, 2005年第5期，第50页。

采取的上述维护社会秩序和国家安全的法律、政策和措施起到了维护社会稳定的重要作用，因此在该国是很少发生犯罪案件。[1]

① 王云娇:《对文莱能长期保持政治社会稳定的几点看法》,《东南亚纵横》, 2005年第5期，第51页。

附　录

文莱大事年表

早期

公元前：尼亚比（Niab）洞窟发掘的头颅骨证明，3 500年前就有土著人生活在文莱一带。公元前，开始有马来人移居此地。中国史书称文莱为婆利、婆罗、婆泥、佛泥和渤泥，明朝后期改称为文莱或汶莱。

14世纪中叶：文莱国王阿旺·阿克拉·贝塔塔尔与马六甲一个穆斯林公主结婚后皈依伊斯兰教，成为文莱一世苏丹（1363—1402），建立起了苏丹国。二世苏丹的女儿与阿拉伯人沙里夫·阿里结婚。沙里夫接任三世苏丹（1425—1432）后，大力传播伊斯兰教，取文莱全名为“文莱达鲁萨兰国”，意为“和平之邦”。

15、16世纪：文莱五世苏丹博尔基亚（1485—1524）时期，文莱国力达到鼎盛时期。苏丹曾多次派军远征加里曼丹岛东海岸、爪哇、马六甲和吕宋等地，控制了包括沙巴和沙捞越大部分地区。

16世纪初：西方探险者开始抵达文莱。1571年，西班牙人占领菲律宾后，曾两次准攻文莱，但未能站住脚。此后，西班牙人和葡萄牙人多次企图侵入文莱，但都无法对文莱进行有效控制。后因欧洲人的袭扰和国内的互相倾轧，使文莱国力日渐衰败。

英国殖民地时代

1841年：文莱将沙捞越割让给英国人詹姆斯·布鲁克（James Brooke）。

1846年：文莱将纳闽岛割让给英国。

1847年：英国与文莱签订关于加强商业关系和联手围剿海盗活动的条约。同年，布鲁克迫使文莱苏丹同他签订一项不平等的“英国和文莱友好通商条约”，使文莱变为受英国支配的半殖民地。

1848年：文莱将婆罗洲北部割让给英国商业辛迪加（British Commercial Syndicate）。

1888年：英国同文莱签订“保护协定”，规定文莱接受英国的保护，文莱苏丹继续行使其国内统治权，但英国享有苏丹王位继承决定权和外交权。从此，文莱沦为英国的保护国。

1906年：英国又同文莱签订“补充协定”，开始向文莱派遣常驻专员，掌握文莱的全部实权，只留宗教和习俗事务由苏丹负责。

1913年：文莱开始勘探石油。

1929年：诗里亚（Seria）发现石油。

1941年：文莱被日本占领，日本对文莱的自然资源进行了疯狂掠夺，给文莱经济和人民的生活造成了最重灾难。各行各业遭到严重破坏，交通瘫痪，粮食极度匮乏，贸易萧条，石油开采几乎完全陷于停顿，石油产量从1940年的626.7万桶下降到1945年的7.4万桶。同年，文莱出现新的政府形式，包括成立国家理事会。

1945年：日本投降，英国恢复对文莱的管制。此后文莱经济得到一定恢复，石油产量也逐年稳步增长。随着经济的发展，民族民主运动逐步兴起，文莱人民要求摆脱英国的殖民统治，重新恢复文莱的国家主权和民族尊严。

1959年：9月29日，文莱第一部成文宪法诞生。文莱与英国签订协定，规定英国给予文莱自治，英国保留其对文莱国防、治安和外交事务的管辖权。

1961年：5月31日，文莱皇家马来兵团成立。

1962年：文莱人民党起义流产。

1967年：6月12日，文莱发行自己的货币。10月4日，二十八世苏丹奥玛尔·阿里·赛义夫汀自动退位。10月5日，二十九世苏丹哈桑纳尔·博尔基亚登基接位。

1968年：8月1日，二十九世苏丹加冕典礼。

1970年：10月4日，国家首都文莱城被立名为斯里巴加湾市（Bandar Seri Begawan）。

1971年：11月23日，1959年订立的宪法根据新的形势进行了修改。文莱与英国重新签约，收回除外交和国防外的内部自治权。

1973年：4月4日，世界最大的液化天然气厂正式启用。

1975年：5月14日，文莱皇家航空公司开业。

1979年：1月7日，文莱和英国签订友好与合作条约，规定文莱于1983年12月独立。

1981年：文莱苏丹将现今的沙巴领土授予英国北婆罗州渣打公司，致使文莱仅保留目前的领土。

完全独立时代

1983年：12月31日午夜后，文莱恢复其国际责任，成为一个完全独立的主权国家。

1984年：1月7日，文莱加入东南亚国家联盟。1月16日，文莱成为伊斯兰会议组织成员。2月23日，文莱庆祝第一个国庆日。9月21日，文莱成为联合国第159个成员国。

1986年：9月7日，第二十八世苏丹逝世。

1989年：7月30日至8月3日，举行阿尔穆塔迪·比拉王子成人仪式。

1992年：10月5日，二十九世苏丹登基25周年。同年，文莱加入不结盟运动（Non-Aligned Movements）。

1998年：8月10日，比拉王子被正式册立为文莱王储，成为王位的合法继承人。

2000年11月16—17日，文莱主办APEC第8次领导人非正式会议。

2001年11月5—6日，文莱举办第7届东盟领导人会议。

2004年7月15日，文莱苏丹在他58岁华诞时，通过全国广播宣布重开立法委员会的决定。同年9月，立法会在中止20年后恢复运作。

2004年9月9日，比拉王储成婚大典，迎娶平民出身少女萨拉·萨莱赫。

2005年5月，文莱苏丹大幅改组内阁。

2007年1月17日，文莱成为国际劳工组织第180个成员国。

2008年1月20日，文莱首相署经济规划和发展局发布了《文莱长期发展规划》（又称《2035年宏愿》）。

2013年4月24—25日，文莱举办第22届东盟领导人会议。

2013年10月9—10日，文莱举办第23届东盟领导人会议和第8届东亚峰会。

资料来源：郑宇硕主编：《和平之邦　汶莱》，香港城市大学出版社，2004年。（部分条目内容系作者根据文莱驻华使馆提供的资料补充）

中国与文莱大事记（1984—2015年）

1984年

1月1日，文莱结束英国保护国的地位，宣布完全独立。中国政府立即向这个新取得完全独立的友好邻邦表示支持，承认文莱政府，李先念等中国领导人致电文莱苏丹祝贺文莱独立。

1986年

8月24日至9月3日，吉林省龙井县中学足球队一行20人应邀赴文莱参加亚洲校际国际足球赛。

1988年

4月21日，文莱外交大臣穆罕默德·博尔基亚亲王致电祝贺钱其琛出任外交部长。

10月4日，钱其琛外长在出席第43届联大期间，同文莱外交大臣穆罕默德·博尔基亚亲王进行友好会晤，双方表达了增加相互了解和往来，逐步开展交流的愿望。这是两国外长的首次会晤，也是两国首次正式官方接触。

1989年

9月27日至10月1日，经贸部部长助理谷永江率领中国官方经贸代表团访问文莱，受到文莱政府有关部门的友好接待。访问中，双方就开展两国间的经贸交流与合作的可能性进行了探讨。两国官员的接触和交流，缩短了两国间的距离，增加了相互了解和信任，为两国关系的进一步发展奠定了基础。

10月2日，钱其琛外长在出席第44届联合国大会期间，同文莱外交大臣穆罕默德·博尔基亚亲王进行会晤，就双边关系和柬埔寨等问题交换意见。双方对上次会见后一年来两国关系发展表示满意，并希望进一步加强，增加代表团互访。穆罕默德亲王还邀请钱外长在去东南亚地区时访问文莱。

1991年

4月10日至14日，中国外交部部长助理徐敦信率领外交部官员团应邀访问文莱，首次同文莱外交部官员就包括建交在内的双边关系以及共同关心的地区和国际问题进行探讨和磋商。双方都表达了在和平共处五项原则和联合国宪章基础上进一步发展两国关系的愿望。文莱外交大臣穆罕默德亲王在接见代表团时表示，文莱正考虑与中国建交的问题，并愿意与中方发展经济、文化等方面的交往。

7月，国务委员兼外长钱其琛在出席东盟外长会议期间单独会见了文莱外交大臣穆罕默德亲王，就进一步发展双边关系深入地交换了意见，并一致同意继续就建交问题进行磋商。

9月9日至13日，以常务秘书达图·林玉成为首的文莱外交部官员团应邀访华，这是文莱第一个官方代表团访华。双方主要就两国建交问题举行了友好的会谈，并达成了一致。访问期间，代表团应邀赴南京参观了渤泥王墓，对墓地的完好保存非常满意和感谢。

9月30日，钱其琛外长与文莱外交大臣穆罕默德·博尔基亚亲王在联合国总部签署中文建交联合公报，宣布自即日起两国建立大使级外交关系。

1992年

5月12日，中国首任特命全权大使金桂华赴文莱向苏丹陛下递交了国书。苏丹陛下对大使的到任表示祝贺，并表达加强两国关系的愿望。金大使还拜会了文莱外交大臣、工业与初级资源大臣和文化青年体育大臣等，共同探讨如何发展两国关系。

7月17日至19日，应文莱外交大臣穆罕默德亲王的邀请，国务委员兼外长钱其琛率团访问文莱。访问期间，钱外长同文莱外交大臣举行会谈，文莱苏丹会见了钱外长。谈话中，双方对两国建交给予了积极的评价，并表达了进一步发展双边关系的愿望。钱外长表示，中文两国的友好关系历史悠久，只是近代由于受列殖民主义的统治，两国关系中断了。我们高兴地看到，两国这种友好关系现在已经得到恢复。此次来访就是为了加强两国友好关系。文莱方面表示，两国有过悠久的友好关系，建交后两国关系变得更加密切了，相信这种良好的发展势头将保持下去。双方还就发展两国经贸合作进行了探讨。

10月24日，文莱首任驻华大使阿卜杜勒·莫明向杨尚昆主席递交了国书，双方进行了友好交谈。

1993年

政治关系与重要往来

3月，文莱政府宣布取消对其公民访华的限制。

4月1日，文莱苏丹哈桑纳尔·博尔基亚电贺江泽民就任国家主席。

4月3日，文莱外交大臣穆罕默德·博尔基亚亲王电贺钱其琛就任国务院副总理兼外交部长。

5月5日，文莱交通大臣扎卡利亚访华，并签署了中文民用航空运输协定。文莱皇家航空公司于10月2日开航北京。

6月9日至13日，文莱外交大臣穆罕默德·博尔基亚亲王对中国进行正式访问，此系文莱外交大臣首次访华。荣毅仁副主席和钱其琛副总理兼外长分别与文莱外交大臣进行了会见和会谈。双方就两国关系、国际和地区问题交换了意见。双方一致同意在平等互利的基础上进一步加强两国在各个领域，特别是在经济领域的交流与合作。

8月20日至22日，文莱外交部常务秘书林玉成访华。唐家璇副部长与之会谈，双方主要就两国互设使馆问题达成一致。钱其琛副总理兼外长礼节性会见林玉成一行。

11月4至8日，文莱苏丹哈桑纳尔·博尔基亚对中国进行国事访问，这是两国建交以来文莱苏丹首次访华。江泽民主席和李鹏总理分别与文莱苏丹进行会谈和会见。双方在进一步发展双边关系及一些地区和国际问题上达成了广泛共识。江主席说，中文两国是隔海相望的友好邻邦，自古以来两国人民之间就有着传统的友好往来，结下了深厚的情谊。中国重视同文莱发展友好合作关系，对建交以来双方在各个领域的合作感到满意。苏丹陛下此次访华对进一步推动两国关系的发展非常重要。江主席还说，中国主张国家不分大小、贫富、强弱，都是国际社会中的平等成员。苏丹陛下说，这次访华的目的是进一步密切同中国的关系，相信这之后会有更多的文莱商人来访，进一步促进两国经贸关系的发展。他还对中国独立自主的和平外交政策表示赞赏。

12月26日，中国首任常驻文莱大使刘新生赴文履新，并于次年1月6日向文莱苏丹递交国书。

经济合作与贸易关系

12月5日至6日，文莱财政部副大臣兼投资署副主席艾赫迈德·斯肯纳率投资署代表团访华。外经贸部郑斯林副部长和刘山在部长助理分别与其会见和会谈。双方主要讨论了促进投资问题。

两国间的贸易尚处于起步阶段，主要为间接贸易。据中国海关总署统计，1993年中国向文莱出口贸易额为1064万美元，无进口。

1994年

政治关系与重要往来

4月7日至10日，中国外交部副部长唐家璇率外交部官员团访问文莱，与文莱外交部常务秘书林玉成举行工作会谈，就如何进一步推动双边关系的发展及共同关心的国际和地区问题交换了意见。文莱外交大臣穆罕默德·博尔基亚亲王会见了唐副外长一行。

4月25日， 国家主席江泽民接受文莱新任驻华大使阿卜杜拉·贾法尔递交国书。

9月1日至9日，文莱文化、青年和体育大臣侯赛因率团访华。中国文化部、国家体委、全国青联等有关领导会见了侯赛因大臣一行，就开展两国文化、青年、体育交流等问题交换了意见。

10月24日至29日，文莱工业与初级资源大臣拉赫曼率团访华。李岚清副总理会见了拉赫曼一行。外经贸部部长吴仪与拉赫曼举行了会谈。

12月3至5日，文莱苏丹之妹、文莱外交部无任所大使玛斯娜公主殿下率外交部代表团访华，与中方就东盟地区论坛及双边关系等问题进行磋商。钱其琛副总理兼外长会见了玛斯娜公主一行。

经济合作与贸易关系

4月17日至28日，应中国贸促会邀请，文莱首都斯里巴加湾市中华商会考察团首次访华。访问团先后赴北京、上海和杭州参观考察。全国人大常委会副委员长王光英会见了访问团一行，经贸部亚洲司、贸促会、全国工商联等部门与访问团进行了座谈。

5月15日至19日，由安成信副会长率领的中国国际贸易促进会经贸考察团访问文莱。访问期间，文莱工业与初级资源大臣佩欣·拉赫曼会见了考察团。该团还与文莱斯里巴加湾市中华商会、文莱马来商会、文莱国际商会举行了经贸洽谈，并参观了文莱液化天然气公司。

1994年，中国文莱贸易仍以间接贸易为主。据中国海关总署统计，1994年中国同文莱的贸易总额为1626万美元，均系中方出口。

文化交流与其他交往

7月18日至23日，中国羽毛球协会首次派队赴文参加文莱羽毛球国际公开赛。

9月25日至10月6日，文莱历史中心主任佩欣·贾米尔率团赴华考察中文两国友好交往历史，并先后访问了南京和北京。

1995年

政治关系与重要往来

1月11日至14日，应文莱政府邀请，中国国务委员兼国务院秘书长罗干率团对文莱进行友好访问。访问期间，罗干国务委员拜会了文莱苏丹·哈桑纳尔·博尔基亚陛下，与文莱外交大臣穆罕默德·博尔基亚亲王举行了会晤，并会见了文莱首相署苏丹特别顾问兼内政大臣佩欣·伊萨。

5月21日至24日，中国外交部部长助理王英凡率团赴文莱参加由文莱外交部常务秘书林玉成主持的东盟地区论坛高级官员会议。

5月28日至6月3日，应中国国家主教委主任朱开轩的邀请，文莱教育大臣佩欣·阿齐兹访问中国。在京期间，与朱开轩主任举行了会谈，就开展两国在教育领域的交流与合作交换了意见。

7月28日至8月2日，应东盟轮值主席文莱外交大臣穆罕默德·博尔基亚亲王的邀请，钱其琛副总理兼外长率团赴文莱出席第28届东盟外长会议的开幕式，并出席了第二届东盟地区论坛会议。钱副总理会晤了文莱外交大臣穆罕默德·博尔基亚亲王，并与其他东盟磋商国外长和观察员国外长联合拜会了文莱苏丹。

8月31日至9月15日，文莱文化、青年、体育大臣佩欣·侯赛因率团来北京参加第四次世界妇女大会。

经济合作与贸易关系

3月21日至23日，应文莱斯里巴加湾市中华商会邀请，南京市经贸招商团访问文莱。访问期间，招商团会晤了中华商会，举行了招商洽谈活动，并拜会了文莱交通大臣扎卡里亚、工业与初级资源部代理常务秘书等政府官员。

1995年，中国同文莱两国经贸关系有了明显的增加。据中国海关总署统计，两国贸易总额已达3 450.4万美元，中方出口额为3 447.9万美元，进口额为25万美元。

文化交流与其他交往

4月3日至9日，应文莱卫生部的邀请，中国卫生部医疗卫生小组访问文莱，与卫生部就发展两国在卫生、医疗领域的合作与交流进行磋商。双方就两国卫生部签署“卫生医疗合作谅解备忘录”的草案达成一致，并就两国医务人员交流进行了探讨。

6月21日至26日，应文莱文化、青年和体育部的邀请，由中华全国青年联合会全国委员会常务委员会委员王伟光为首的中国青年代表团访问文莱。这是中国青年代表团首次往访。访问期间，代表团会见了文莱文青体部有关官员，并与文莱青年理事会执委会进行了座谈，就加强两国青年和青年机构的交流交换了意见。

9月15日至17日，文莱历史中心主任佩欣·贾米尔应邀赴南京出席“郑和下西洋590周年纪念暨国际学术研讨会”。会前，贾米尔一行赴福建省厦门市和泉州市参观访问。

1996年

政治关系与重要往来

3月16日至18日，中国外交部副部长唐家璇率团赴文莱与文莱外交部无任所大使玛斯娜公主举行两国间第三轮外交部高官磋商，并拜会了文莱外交大臣穆罕默德·博尔基亚亲王。

6月19日至23日，应文莱工业与初级资源大臣拉赫曼的邀请，中国对外贸易经济合作部副部长李国华率中国政府经贸代表团访文。访问期间，李国华与拉赫曼大臣举行了会谈，会见了文莱代内政大臣阿比汀、副财政大臣斯金纳和工业与初级资源部常务秘书阿哈迈德，并与文莱全国工商会举行了座谈。

7月13日，国家主席江泽民向文莱苏丹哈桑纳尔·博尔基亚发去生日贺电，祝贺苏丹50岁生日，这是中国国家主席首次向文莱苏丹发生日贺电。

9月16至19日，应文莱斯里巴加湾中华商会的邀请，中国广东省省长卢瑞华率广东省政府代表团和经贸代表团访文。卢瑞华一行拜会了文莱外交大臣穆罕默德亲王和工业与初级资源大臣拉赫曼，并与当地工商界人士举行了经贸洽谈。

10月20日至23日，卫生部副部长王陇德率中国卫生代表团访文，王陇德一行会见了文莱卫生大臣达图·佐哈尔，与文莱卫生部常务秘书达图·楚楚举行了会谈，并与楚楚分别代表本国政府签署了《中华人民共和国政府与文莱达鲁萨兰国苏丹陛下政府卫生合作谅解备忘录》。

11月17日至19日，新华社社长郭超人一行过境文莱，于19日拜会了文莱外交大臣穆罕默德·博尔基亚亲王。

经济合作与贸易关系

1996年，中国文莱经贸关系逐步展开和深化。两国间就签订投资保护协定进行了谈判，就文本大部分条款取得了一致。两国经贸人员互访增多，双方就开展各种形式合作的可能性积极进行探讨，有些项目已见成效。两国贸易额取得大幅增长。据中国海关总署统计，1996年中国同文莱贸易额为3888万美元，其中中方出口额为3886万美元，进口额为2万美元。

文化交流与其他交往

9月2日至7日，文莱历史中心主任佩欣·贾米尔来北京参加第十三届国际档案大会。会后，贾米尔一行赴新疆参观考察。

9月8日至19日，应中国人民对外友好协会的邀请，文莱《婆罗洲公报》记者史蒂芬和马来西亚《美里日报》驻文莱采访部主任林长南来华访问。他们先后赴北京、上海和南京参观采访。

9月12日至19日，应文莱文化、青年和体育部的邀请，中国南京杂技团对文莱进行了访问演出。这是中文建交后第一个中国文艺团组赴文莱访问。文莱文化、青年和体育大臣侯赛因等政府高级官员出席观看了杂技团的首演式，杂技团的访演取得圆满成功。

1997年

政治关系与重要往来

2月20日至25日，文莱苏丹和国家元首哈桑纳尔·博尔基亚和外交大臣穆罕默德亲王分别致电中国国家主席江泽民和国务院副总理钱其琛，对邓小平逝世表示哀悼，穆罕默德亲王还代表文莱政府前往中国驻文莱使馆吊唁。

3月22日至24日，中国文化部副部长潘震宙率中国政府文化代表团访问文莱。

6月17日至24日，文莱外交部无任所大使玛斯娜公主率代表团访华，同中国外交部副部长唐家璇进行两国关系外交部第四次高官磋商。双方对建交以来两国在经贸、投资、文教、卫生、体育、旅游及人员往来等领域开展的交流与合作表示满意，对双方在地区和国际事务中的合作予以肯定。双方还就进一步推动两国友好合作关系交换了意见。访问期间，国务院副总理兼外长钱其琛会见了玛斯娜公主一行。

6月30日，文莱外交大臣穆罕默德·博尔基亚亲王应邀出席香港政权交接仪式。

10月21日，国家主席江泽民接受文莱新任驻华大使迈赫迪尼递交国书。

11月17日至19日，全国人大常委会副委员长王汉斌率全国人大代表团访问东南亚期间经停文莱，文莱外交大臣穆罕默德·博尔基亚亲王会见王汉斌一行。

经济合作与贸易关系

5月22日至25日，中国国际贸促会副会长安成信和全国工商联副主席王治国率代表团赴文莱出席文莱斯里巴加湾市中华商会成立50周年庆典。

据中国海关总署统计，1997年，中国同文莱贸易额3331万美元。

文化交流与其他交往

两国教育合作得以起步，文莱大学同意向中方提供两个马来语学生奖学金名额。

1998年

政治关系与重要往来

5月13日，中国新任驻文莱大使王建立向文莱苏丹和国家元首哈桑纳尔·博尔基亚递交国书。

6月14日至16日，中国全国人大常委会副委员长谢非对文莱进行正式友好访问。访问期间，文莱苏丹和国家元首哈桑纳尔及外交大臣穆罕默德亲王分别会见了谢非一行。文莱领导人高度赞扬中国的经济发展成就和在亚洲金融危机中表现出的负责态度；谢非对文莱在发展经济及帮助邻国克服金融危机方面所作的努力表示赞赏。双方对近年来中文关系的发展表示满意，希望今后进一步增进了解，加深友谊，加强两国在各领域的友好合作。

6月14日，随谢非副委员长访文的中国外交部部长助理王毅与文莱外交部常务秘书林玉成举行两国第五次外交磋商，双方就双边关系发展及共同关心的地区和国际问题交换了意见。

经济合作与贸易关系

6月10日，中国国际贸易促进会副会长钟敏率商贸代表团访问文莱。访问期间，钟敏一行会见文莱工业与初级资源常务秘书、发展部官员和文莱全国工商会人士。

据中国海关总署统计，1998年，中文贸易总额为914.9万美元，比1997年下降72.5%，其中中方出口额为913.6万美元，进口额为1.4万美元。

1999年

政治关系与重要往来

4月2日至3日，中国外交部部长助理王毅与文莱外交部常务秘书林玉成在北京举行两国第七轮外交磋商，就双边合作以及中国与东盟关系、东盟地区论坛等国际和地区问题交换了意见。唐家璇外长会见了林玉成。4月5日至8日，林玉成出席在昆明举行的第五次中国东盟高官磋商。

8月23日至26日，应国家主席江泽民邀请，文莱苏丹和国家元首苏丹·哈桑纳尔·博尔基亚对中国进行工作访问。江主席与苏丹进行会谈，朱镕基总理会见。双方对建交以来中文两国关系顺利发展表示满意。中国领导人表示，两国政治关系发展势头良好，经贸合作有了较好的开端，在文化、教育、体育等领域的交流与合作也逐步展开。双方在地区和国际事务中也保持着良好的协调与配合。中方感谢文方在台湾问题上对中方立场的理解和支持，以及文方在推进中国与东盟关系方面所作的积极努力。中方一贯认为国家不分大小、强弱，都是国际社会的平等一员，都应根据相互尊重主权和领土完整、互不侵犯、互不干涉内政、平等互利和和平共处五项基本原则，积极发展相互关系和友好合作。中方重视同文莱的合作，愿与文方一道，推动两国关系在平等互利的基础上不断迈上新的台阶。

文莱苏丹表示，文中关系非常融洽，发展势头良好。文莱政府高度评价中国在国际和地区事务中发挥的积极作用。文莱政府将一如既往地奉行一个中国政策，支持中国加入世界贸易组织。苏丹祝贺中华人民共和国成立50周年，高度赞赏中国政府和人民在经济建设方面取得的巨大成就，表示文莱愿与中方进一步加强经贸等各个领域的友好合作。两国元首会谈后，两国发表了关于双边合作关系发展方向的联合公报。中国文化部副部长孟晓驷和文莱首相署常务秘书佩欣·叶海亚分别代表各自政府签署了《中华人民共和国政府和文莱达鲁萨兰国政府文化合作谅解备忘录》。

12月19日至20日，文莱工业与初级资源大臣拉赫曼应邀出席澳门政权交接仪式。

经济合作与贸易关系

8月23日，陪同苏丹访华的文莱工业与初级资源大臣拉赫曼与中国石油化工集团公司总经理李毅中举行会谈，就开展石油化工领域合作进行了探讨。

据中国海关总署统计，1999年，中国同文莱贸易总额为809.7万美元，比1998年下降11.5%。双边贸易额中全部为中方出口。

文化交流与其他交往

7月16日，应文莱斯里巴加湾市中华中学董事会邀请，中国国海外交流协会代表团赴文参加文莱苏丹53周年华诞庆典活动，表演了中国传统民间艺术。

文莱大学继续提供奖学金，供中方两名人员在文莱进修马来语。

2000年

政治关系与重要往来

7月10日，中国新任驻文莱大使瞿文明向文莱苏丹递交国书。

7月30日至31日，中国外交部部长助理王毅率团赴文莱与文莱外交部常务秘书林玉成举行中国和文莱第八次外交磋商，就中国和文莱双边关系及一些国际和地区问题深入交换了意见。

11月17日至18日，应文莱苏丹哈桑纳尔·博尔基亚邀请，国家主席江泽民对文莱进行国事访问，这是中国国家元首对文莱的首次访问。访问期间，江泽民主席与文莱苏丹举行了会谈。江主席表示，中国和文莱交往源远流长，两国自古以来就是好邻居。1991年中国和文莱建交后，两国在政治、经济、文化等各个领域的交流与合作逐步展开，在国际和地区事务中进行了密切的协调与配合。1999年两国发表了关于未来双边合作的《联合公报》，为在新世纪进一步发展两国在相互信任和相互支持的基础上的睦邻友好合作关系明确了方向。此后，两国在实现《联合公报》所确定的目标方面迈出了可喜步伐。2000年，两国贸易额大幅上升，双方在教育、旅游、卫生等领域的合作也取得了新的进展。江主席说，中国一贯主张，国家不论大小，都是国际社会的平等一员。在和平共处五项原则基础上与文莱发展长期稳定的睦邻友好合作关系是中国的既定政策。

文莱苏丹表示，文莱与中国两国关系非常友好，特别是两国建交以来，双边合作和友好关系进一步得到加强和扩展。自1999年两国发表《联合公报》后，两国确立的合作项目已取得明显进展，文方对此感到满意和高兴。文莱愿努力扩大和加强同中国在各个领域的友好合作。

会谈中，两国领导人就进一步推进两国在各领域的友好合作关系达成四点共识：1. 保持两国高层交往，进一步增进彼此之间的了解和友谊。2. 积极拓展各领域的互利合作，尤其是经贸领域的合作。3. 鼓励多种形式的民间交流。4. 加强在国际和地区事务中的合作。

访问期间，文莱苏丹授予江主席“最尊贵的王室勋章”。江主席还会见了文莱工商界代表，向他们着重介绍了中国国内经济发展情况和西部大开发战略，欢迎文莱工商界人士到中国西部投资合作。

经济合作与贸易关系

8月27日至30日，文莱工业与初级资源大臣阿杜勒·拉赫曼应邀访华。

11月17日，在江泽民主席访文期间，中国对外贸易经济合作部部长石广生和文莱工业与初级资源大臣阿卜杜勒·拉赫曼分别代表本国政府签署了《两国政府关于鼓励和相互保护投资协定》，双方石化部门签署了原油贸易合同。

据中国海关总署统计，2000年，中国同文莱贸易总额为7 436.6万美元，比1999年增长818.4%，其中中方出口额1 301.8万美元，进口额6 134.8万美元。

文化交流及其他往来

6月 1日至 12日，由文莱大学副校长赛顿率领的大学生代表团应北京外国语大学邀请赴华考察访问，两所大学签署了《校际合作交流谅解备忘录》。

10月11日至16日，文莱卫生部常务秘书艾哈迈德访华，两国卫生部签署了《卫生合作2000—2002年度执行计划》。

11月17日，两国旅游部门在江泽民主席访文期间签署了《关于中国公民赴文旅游实施方案的谅解备忘录》。

2000年，文莱在华留学生27人。

2001年

政治关系与重要往来

3月20日，文莱新任驻中国大使阿斯玛里·艾哈迈德向江泽民主席递交国书。

5月14日至17日，文莱苏丹哈桑纳尔·博尔基亚赴北京出席APEC人力资源能力建设高峰会议并访问深圳。江泽民主席和李鹏委员长分别会见苏丹。会见中，中国领导人表示，中文建交10年来，两国在政治、经济、文化等各个领域里合作取得了较大发展，两国间开展的许多友好合作项目进一步加深了两国人民之间的了解和友谊。

文莱苏丹表示，文中两国友好合作前景十分广阔。文莱政府高度重视文中关系，真诚希望两国关系继续保持良好的发展势头，并不断得到巩固和加强。

5月21日至23日，应文莱苏丹哈桑纳尔·博尔基亚邀请，中国全国人大委员会委员长李鹏对文莱进行正式访问。访问期间，李鹏委员长会见了文莱苏丹。李鹏委员长积极评价建交10年来中文关系取得的进展，高度赞赏文莱苏丹和王室成员对促进两国关系所做的重要贡献，强调中国十分重视发展同文莱和其他东盟国家的睦邻友好关系。

文莱苏丹表示，两国在几百年前就开始交往，在近代史上，又有遭受外来侵略的共同经历。在新的世纪，应进一步巩固两国的友好关系，为两国人民乃至全人类造福，为地区和平与发展做出贡献。

5月22日至6月1日，应唐璇外长邀请，文莱外交大臣穆罕默德·博尔基亚亲王访华并出席第三次亚欧外长会议。钱其琛副总理会见穆罕默德亲王，唐外长与其举行了会谈。

8月28日至9月1日，应中国外交部邀请，文莱外交部无任所大使玛斯娜公主（大臣级）访华。钱其琛副总理与唐家璇外长分别会见玛斯娜公主。玛斯娜公主出席了北京外国语大学和文莱大学共同举办的“中国与文莱关系研讨会”。29日，随同玛斯娜公主访华的文莱外交部常务秘书林玉成与中国外交部副部长王毅在北京举行中文第九次外交磋商。

9月23日至26日，人事部副部长侯建良率团赴文莱出席APEC第四次人力资源开发部长会议并访问文莱。

10月20日至21日，文莱苏丹哈桑纳尔·博尔基亚赴上海出席第九次APEC领导人非正式会议。江泽民主席会见苏丹。江主席对中文两国各领域合作的不断扩大表示满意，对苏丹为促进两国关系做出的贡献表示赞赏，并表示相信中文关系将不断取得新的发展。文莱苏丹也对文中两国关系的顺利发展予以高度评价，赞赏中方为APEC会议成功举行做了出色安排。会见前，北京外国语大学授予苏丹国际关系荣誉博士学位。

11月4日至7日，应文莱苏丹哈桑纳尔·博尔基亚邀请，朱镕基总理赴文莱出席第五次东盟与中、日、韩领导人（10+3）会议和东盟与中国领导人（10+1）会议。期间，朱总理与苏丹举行了双边会晤。朱总理表示，近年来，中文友好合作发展很快。两国高层交往频繁，双方在石油工业、农业、旅游等领域的合作取得积极进展。文莱苏丹表示，文莱把中国看作一个特殊的朋友，对两国之间的密切关系感到极为满意。

11月9日至20日，文莱总检察长基弗拉维应邀对中国进行工作访问并出席在广州举行的亚欧执法机构保护儿童福利会议和亚欧国家总检察长会议。

经济合作与贸易关系

10月9日，文莱皇家航空公司开通斯里巴加湾市到上海的航线。

10月17日至18日，文莱工业与初级资源大臣阿卡杜勒·拉赫曼赴上海出席

APEC部长会议并访问深圳。

据中国海关总署统计，2001年，中国与文莱贸易总额达1.65亿美元，比2000年增长122.4%，其中中方出口额1715.6万美元，进口额1.48亿美元。

文化交流及其他往来

3月12日至14日，中国海外交流协会副会长刘泽鹏率团访文。

4月22日至26日，文莱卫生部代理大臣阿卜杜勒·阿齐兹应邀率团访华。访华期间，张文康部长与阿齐兹举行了工作会谈，进一步探讨两国在医疗卫生尤其是传统医学和护理领域发展合作的可能性。除北京外，代表团还访问了上海。

7月6日至9日，中国国家医药管理局代表团访问文莱。

7月18日至21日，上海市副市长左焕琛率上海卫生代表团访问文莱。

8月11日至23日，山东杂技团赴文莱访问演出。

8月18日，中国伊斯兰协会代表团参加在文莱举行的国际穆斯林科技博览会。

9月12日至14日，卫生部长张文康率团赴文莱参加世界卫生组织西太平洋地区第52届会议并访问文莱。

2001年，文莱在华留学生4人。

2002年

政治关系与重要往来

3月21日至25日，应中国政府邀请，文莱王储阿尔穆塔迪·比拉首次访华，江泽民主席和胡锦涛副主席分别会见。中国领导人对建交以来两国关系取得的长足进展表示满意，强调发展与文莱的睦邻友好合作关系是中国政府的既定政策。比拉王储表示，文莱愿继续与中国加强合作，进一步推动两国关系不断发展。

4月24日至28日，文莱文化、青年和体育大臣侯赛因应邀访华。在华期间，侯赛因大臣与文化部长孙家正举行了会谈，并会见了全国青联、国家体育总局负责人，双方就进一步加强两国在文化、青年和体育等领域的交流与合作交换了意见。访问团先后访问了北京、西安和南京。

5月10日，文莱财政副大臣雅谷出席在上海举行的第五届东盟中日韩（10+3）财政部长会议。

5月14日至15日，王毅副外长与文莱外交部常务秘书林玉成进行第十次双边磋商，并分别拜会了文莱外交大臣穆罕默德·博尔基亚亲王和文莱外交部无任所大使玛斯娜公主。

5月29日，文莱交通大臣扎卡里亚出席5月29日至31日在上海举行的亚太第五次电信信息部长会议。

7月29日至8月1日，外交部长唐家璇赴文莱出席10+3、10+1、东盟地区论坛等会议。

9月12日至16日，对外贸易经济合作部长石广生赴文莱出席10+1、10+3经济部长会议。

12月24日至26日，最高人民检察院检察长韩杼滨应邀访问文莱。文莱苏丹和国家元首哈桑纳尔·博尔基亚会见了韩杼滨及其率领的中国检察代表团。双方还签署了《中华人民共和国最高人民检察院和文莱达鲁萨兰国总检察署合作协议》，此系两国签署的第一份司法合作文件。

经济合作和贸易关系

1月8日，文莱皇家航空公司开通了斯里巴加湾至上海航线。文莱文化、青年和体育大臣侯赛因率文航首航团赴上海，并主持文航上海办事处开幕式。

3月20日，中文洼山水稻种植合作项目签字仪式在文莱举行。三家合作单位即湖南袁隆平农业高科技股份有限公司、湖南国际经济合作公司和文莱农工合作社私人有限公司的总经理分别代表本公司签字。该项目是中文第一个农业合作项目。

当年，中方在文莱成功举办了“中国云南旅游展览会”。

据中国海关总署统计，2002年，中国与文莱贸易额达2.63亿美元，同比增长58.9%。中方从文莱进口的石油占文莱石油产量的十分之一，总量达100万吨。中国已成为文莱石油主要进口国之一。

文化交流与其他交往

6月10日，36名文莱探险队队员从斯里巴加湾市国际机场出发赴中国进行一项为期20天的越野车比赛，路线是：香港—深圳—厦门—福州—上海—深圳—香港。这是文莱探险协会自成立以来组团出国路程最远的一次。

6月17日至23日，文莱武装部队司令贾法尔少将应邀访华，中央军委副主席张万年上将和总参谋长傅全有上将分别会见。

2003年

政治关系与重要往来

1月20日，中国新任驻文莱大使魏苇向文莱苏丹递交国书。

3月18日至27日，文莱苏丹和文莱外交大臣分别向新当选的国家主席胡锦涛、中央军委主席江泽民、国务院总理温家宝和外交部长李肇星致电祝贺。

6月17日，李肇星外长在金边出席东盟有关会议期间会见了文莱外交部无任所大使玛斯娜公主。

7月1日，中国政府单方面宣布，文莱公民持普通护照赴华15日之内免办签证。但持外交护照和长期居留证（ICI）者除外。

7月22日至25日，文莱工业与初级资源大臣拉赫曼来华参加在大连举行的第五届亚欧经济部长会议。

8月10日至16日，文莱外交部无任所大使玛斯娜公主率团访华。国务委员唐家璇会见了玛斯娜公主一行。除北京外，代表团还访问了桂林和上海。12日，王毅副外长同文莱外交部常务秘书林玉成进行第十一次两国外交磋商。磋商结束后，双方举行了两国外交部就互惠培训外交官和联合收集中文关系史料两个项目换照仪式。

10月6日，在出席在印尼巴厘岛举行的东盟与中日韩（10+3）领导人会议、东盟与中国（10+1）领导人会议及中日韩领导人会议期间，温家宝总理拜会文莱苏丹，双方进行了亲切友好的交谈。

10月8日至17日，应中国公安部邀请，文莱内政部副大臣阿德南率团访华。代表团先后访问了北京、西安和上海。

10月23日，文莱苏丹致电胡锦涛主席，祝贺中国首次成功发射航天飞船。

经济合作与贸易关系

4月4日至7日，深圳市长于幼军应邀赴文莱访问。访问期间，于幼军先后会见了文莱交通大臣、工业与初级资源大臣和外交部副大臣，就深圳开展同文莱的经贸及其他领域的交流与合作进行了探讨。

8月27日，文莱发展大臣艾哈默德率团来华参加“第十一届昆交会”。

8月27日，文莱电讯局与北京华为公司签约，由华为公司为文莱“下一代网络”（NGN）工程提供设备和服务，预计2004年7月完成，总金额为3895万文元（约合2000万美元）。

文化交流与其他交往

9月10日至12日，中央军委委员、中国人民解放军总参谋长梁光烈上将应邀访问文莱。访问期间，梁光烈上将拜会了文莱苏丹，并会见了比拉王储、外交大臣穆罕默德亲王、武装部队司令哈尔比少将等。双方还签署了《中文关于开展军事交流的谅解备忘录》。

11月3日至6日，由南海舰队副司令员薛天培少将率领的中国人民解放军南海舰队编队访问文莱。在文莱停留期间，薛天培少将会见了文莱国防部副大臣伊卜努、武装部队司令哈尔比少将、海军代司令阿姆蒂拉中校等，参观了文莱海军舰艇、军港和维修厂，并举行了甲板招待会和舰队对公众开放日活动。

2004年

2月23日，胡锦涛主席和李肇星外长分别致电文莱苏丹和文莱外交大臣，祝贺文莱独立20周年。

2月27日至29日，中国残疾人艺术团一行70人在文莱举行三场商业演出，获得巨大成功，包括王后、王妃、玛斯娜公主等王室成员、内阁大臣、政府高官、驻文使节、华社领袖在内的一万多名观众观看了演出。

4月7日至12日，南京市文物局副局长杨新华率南京市文物代表团访文。访问期间，代表团会见了文青体部常秘杰马特、文物局局长马塔希姆、历史中心主任贾法尔等，同文物局签订合作会谈要点，探讨和加强南京市同文莱的文物交流。

4月9日至12日，南京市副市长蒋裕德率南京市政府代表团访文。访问期间，代表团会见了文青体部常秘杰马特、斯里巴加湾市长萨吉、工业及初级资源部国际贸易局局长林玉辉、旅游局长贾玛鲁丁等官员。蒋副市长向文方介绍了南京招商引资、促进旅游情况，并提议与文方合作建设南京文莱风情园。

4月17日，李肇星外长在都柏林出席第六届亚欧外长会议期间会晤文莱外交大臣。双方对近年来两国关系发展感到满意，认为是历史上最好时期。

5月12日至15日，劳动和社会保障部副部长王东进率团出席在文莱举行的第18届东盟及10+3劳工部长会议。

6月13日，中国教育部副部长赵沁平对文莱进行为期两天的访问。

6月21日至22日，文莱外交大臣出席在中国青岛举行的亚洲合作对话第三次外长会议。

7月5日至14日，文莱总检察长基夫拉维出席在昆明举行的中国—东盟总检察长会议。会议结束后，基夫拉维赴大连和西安进行访问。

7月18日至21日，广东省人大常委会主任卢松鹤率团访问文莱。

7月26日，文莱文青体部代理文化司司长哈贾·洛斯妮率16名少年参加第二届天津国际少儿艺术节。

8月16日至22日，文莱首相府常秘兼投资署主席叶海亚赴北京、上海、苏州等地参观访问。

9月20日至22日，文莱苏丹对中国进行工作访问。访问期间，胡锦涛主席与苏丹陛下举行了会谈。两国领导人在诚挚友好的气氛中就加强双边关系及共同关心的地区和国际问题交换了意见。全国人大常委会委员长吴邦国会见了苏丹陛下。双方对中、文建交13年来在政治、经贸、文化、教育、卫生、司法、防务等领域合作取得的进展表示满意。双方一致认为发展中、文友好合作符合两国和两国人民的根本利益，表示愿共同推动双边关系迈上一个新台阶。

9月22日至28日，文莱武装部队司令哈尔比少将访华。23日，中央军委委员、总参谋长梁光烈上将与哈尔比少将进行了会谈。会谈前，梁光烈为哈尔比举行了欢迎仪式。中央军委副主席、国务委员兼国防部长曹刚川礼节性会见了哈尔比。哈尔比还观摩在郑州举行的“铁拳—2004”机步师实弹演习。

9月23日，文莱苏丹和外交大臣分别致电胡锦涛主席和李肇星外长，祝贺中华人民共和国成立55周年。

10月16日至25日，凤凰卫视“凤凰号下西洋”节目摄制组一行三人驾“凤凰号”帆船在文莱进行为期八天的采访。

11月24日至26日， 沈阳军区司令钱国梁上将一行6人应邀对文莱进行友好访问。

11月30日，在出席在老挝举行的第八次东盟与中日韩（10+3）领导人会议期间，温家宝总理与文莱苏丹进行了会晤。温总理对中文合作提出“四点建议”：1. 不断扩大双边贸易，争取早日突破10亿美元；2. 深化能源合作，支持中国公司参与文莱的油气资源勘探开发；3. 拓展基础设施建设合作，继续鼓励中方企业参与文莱的通讯、路桥、港口等的建设；4. 加强安全合作，共同维护本地区的和平与稳定。

文莱苏丹赞同温总理的建议。他表示，文中两国在油气领域的合作前景广阔，文方愿就该领域及基础设施领域的合作与中方进行认真探讨。他认为双方上述领域的合作无疑将加强两国的经贸合作。

12月8日至10日，外交部副部长武大伟赴文莱出席两国外交部第12次高官年度磋商。

12月22日至24日，广西自治区副书记、中国—东盟博览会广西领导小组副组长刘奇葆率团对文莱进行工作访问。代表团会见了文莱工业与初级资源部常秘伊德里斯，与中华商会、福建会馆举行座谈，并接受文莱电视台的采访。

2005年

1月2日至4日，由中央国家博物馆和中央电视台联合组成的"郑和下西洋"摄制组赴文莱采访、拍摄。摄制组先后到文莱南宋蒲公墓碑、文莱博物馆、里茂玛尼河、文莱历史中心采访、摄制。

2月5日，杨燕怡大使向文莱苏丹陛下递交国书。她是第五任中国常驻文莱大使。

4月18日，文莱—中国友好协会宣布正式成立。会长：卡马鲁丁博士，常务副会长：洪瑞泉先生，秘书长：陈家福先生。

4月20日至21日，应文莱苏丹邀请，胡锦涛主席对文莱进行国事访问。访问期间，胡主席同文莱苏丹举行会谈，就双边关系和共同关心的地区问题深入交换了看法并达成重要共识。双方表示将共同努力，使中文睦邻友好合作关系在现有基础上不断得到巩固和发展。两国领导人还就南海合作问题和即将召开的亚非峰会交换了看法。20日下午，中文两国政府有关部门和企业签署了互免持外交、公务护照人员签证，卫生合作执行计划和3G通讯项目等5个双边合作文件。晚上，文莱苏丹和苏丹后为胡锦涛主席和夫人刘永清举行了盛大的欢迎宴会。

5月15日至22日，文莱广播电视台台长伊斯迈尔率6人代表团访华。代表团先后访问了上海、北京、广东等地。

5月28日，徐敦信大使拜会文莱外交大臣穆罕默德亲王，并转交了李肇星外长致穆罕默德亲王的信函。徐大使就联合国安理会改革问题同穆罕默德亲王交换了意见。

6月18日，中文两国互免外交、公务/官员护照的两国公民在对方境内不超过14天且护照有效期不少于六个月者免办签证。停留时间超过14天者须提前办理签证。

7月27日，李肇星外长在老挝万象出席东盟与中日韩外长会议期间会晤了文莱外交大臣穆罕默德亲王，就双边关系和联合国改革等地区和国际问题交换了看法。

8月15日至20日，文莱警察总监佩欣·宰努丁率7人代表团参加北京举行的东盟与中国首都警务交流与合作研讨会。

8月20日至21日，中国驻文莱使馆举办“来自中国的和平使者——郑和下西洋600周年纪念展览”，文莱文化、青年、体育大臣佩欣·穆罕默德等政府高级官员和各界人士出席了开幕式，共2万余人参观了为期两天的展览。

9月23日至25日，吴仪副总理对文莱进行正式访问。24日，吴仪在斯里巴加湾分别会晤了文莱王储比拉与外交和贸易大臣穆罕默德亲王。双方表示愿共同努力，不断推进两国睦邻友好合作关系深入发展。同日，吴仪还在下榻的酒店会见了中国驻文莱大使馆工作人员、中资机构、留学生以及文中友协和华侨华人代表。

9月25日，文莱首相府副大臣阿盖齐率6人代表团出席在北京举行的亚洲减灾大会。来自亚洲和南太平洋地区42个国家和13个国际组织的450名代表与会。此次大会是今年1月世界减灾大会和雅加达东盟地震和海啸灾后问题领导人特别会议的重要后续行动。会议发表了《亚洲减少灾害风险北京行动计划》文件。会后，文莱代表团访问了中国减灾中心。

10月，文国防部副部长亚斯敏访华。

11月27日至28日，文莱外交部常秘奥斯曼率团来华出席第13次两国高级官员磋商。双方就进一步加强双边关系、地区和国际问题深入交换了意见，取得了广泛共识。戴秉国副外长还会见奥斯曼常秘一行。

2006年

2006年是中华人民共和国与文莱达鲁萨兰国建立外交关系15周年，两国外交部举办了一系列庆祝活动，中、文友好合作关系进一步提升。

两国高层接触频繁。10月，文莱苏丹哈桑纳尔·博尔基亚来南宁出席中国—东盟纪念峰会，国务院总理温家宝与其会晤，双方就双边关系和共同关心的国际和地区问题交换了意见。温家宝总理表示，中文关系发展顺利，各领域合作成效显著，两国关系已经进入一个全面发展的新时期，面临新的发展机遇。温家宝总理就加强两国友好合作提出几点建议：密切高层往来，深化能源合作，进一步加强文化、教育交流与合作，重视加强两国农业科技合作，加强多边合作与协调。

4月，文莱外交和贸易部无任所大使玛斯娜公主访华并赴南京出席“中国—文莱友谊馆”预展开幕式，国务委员唐家璇会见。6月，文莱外交和贸易部第二部长林玉成访华，唐家璇国务委员会见。9月，文莱外交和贸易大臣穆罕默德亲王来华进行正式访问并赴香港宣布设立文莱驻港总领事馆，温家宝总理和唐家璇国务委员分别会见。

两国经贸合作进展良好。11月，文莱能源部长叶海亚应中国发展与改革委员会邀请访华。中国保持从文莱进口原油规模，双边贸易额显著增长。

两国在文化、司法、妇女、旅游等领域的交流与合作不断扩大。为庆祝中、文建交15周年和文莱苏丹60华诞，中国广西壮族自治区代表团、中国人民解放军军乐团、中国杂技团等经贸、文艺团体先后应邀赴文莱访问演出。4月，中国最高人民检察院检察长贾春旺访问文莱；中国国家文物局局长单霁翔访问文莱。8月，《中国与文莱关系史料汇编》正式出版发行，两国外长作序。10月，玛斯娜公主来华出席首届中国—东盟妇女论坛。11月，中国最高法院副院长姜兴长访问文莱；文莱工业和初级贸易部长艾哈迈德赴上海出席中国国际旅游展。

2007年

2007年中文睦邻友好合作关系保持良好的发展势头，各领域友好交流与合作不断扩大。

两国高层保持密切交往。6月，全国人大常委会副委员长顾秀莲访问文莱并出席第二届中国—东盟民间友好组织大会，会见了代苏丹比拉王储和文莱外交和贸易部无任所大使玛斯娜公主。8月，中央军委委员、总装备部部长陈炳德上将访问文莱，苏丹兼皇家武装部队最高统帅、国防部长哈桑纳尔·博尔基亚会见。10月，比拉王储赴南宁出席中国—东盟博览会及中国—东盟商务与投资峰会，曾培炎副总理会见。

两国经贸合作进展顺利。中国继续从文莱进口原油，并积极拓展油气领域内的其他合作。

双方在文化、军事、教育、宗教、卫生、旅游等领域的交流与合作不断扩大。1月，天津华夏少儿艺术团应邀赴文莱访问演。4月和7月，中国和文莱在驻对方国家使馆设立武官处。4月，中国首次在文莱举办大型“中国教育展”。文莱首次举行汉语水平考试。广东穆斯林代表团访问文莱。7月，两国卫生部续签了《卫生合作2007—2009年度执行计划》。10月，文莱作为第四届中国—东盟博览会主题国，推出主题为“魅力之城”的展览，并在南宁、昆明和重庆举办旅游巡展。中国赴文莱游客数量持续增长，成为文莱最大的旅游客源国。

2008年

2008年，中华人民共和国与文莱达鲁萨兰国关系继续保持良好发展势头，各领域友好交流与合作不断深化。

两国高层继续保持密切往来。1月，中央军委副主席、国务委员兼国防部长曹刚川上将访文，拜会了文莱苏丹哈桑纳尔·博尔基亚。2月，杨洁篪外长访文，拜会了苏丹哈桑纳尔·博尔基亚，并与文莱外交和贸易部部长穆罕默德亲王会谈。文莱苏丹哈桑纳尔·博尔基亚8月和10月先后来华出席北京奥运会开幕式和第七届亚欧首脑会议。国家主席胡锦涛在亚欧首脑会议期间会见苏丹。9月，文莱武装部队司令哈尔比少将访华并观摩“砺兵—2008”军事演习，总参谋长陈炳德上将会见。10月，文莱外交和贸易部无任所大使玛斯娜公主赴南宁出席第二届中国—东盟妇女论坛、第五届中国—东盟博览会和中国—东盟商务与投资峰会，并赴南京出席渤泥王加那访华600周年纪念活动。王岐山副总理在南宁会见玛斯娜公主。

两国经贸合作进一步拓展。5月，双方举行首次经贸磋商。两国在渔业、通信等领域合作继续深入。9月，广东省海洋与渔业局和文莱工业与初级资源部渔业局签署渔业合作谅解备忘录。10月，中国工业与信息化部与文莱交通部签署关于加强信息通讯领域合作的谅解备忘录。

两国关系在军事、教育、文化等领域的交流与合作继续扩大。4月，文莱军事学院青年军官培训班首次来华参观访问。文莱大学和中国驻文莱大使馆举办首届“中国语言与文化周”。文莱教育部长拉赫曼访华。10月，第二届汉语水平考试（HSK）在文莱举行。11月，云南省艺术团赴文访演。

文莱政府就四川汶川特大地震灾害向中方提供援助。

2009年

2009年，中华人民共和国与文莱达鲁萨兰国关系继续保持稳定发展，各领域友好交流与合作不断推进。

两国高层继续保持密切往来。1月，全国人大常委会副委员长周铁访文，其间拜会文莱苏丹哈桑纳尔·博尔基亚。5月，文工业与初级资源部长叶海亚访华。8月，文外交与贸易部第二部长林玉成来华工作访问，外交部长饧洁篪会见。9月，中共中央政治局委员、天津市委书记张高丽访文。10月，文工业与初级资源部长叶海亚来华出席中国—东盟博览会。12月，文外交与贸易部第二部长林玉成再次访华，国务委员戴秉国会见。

两国经贸合作进一步拓展。5月，中国农业部与文莱工业与初级资源部签署《中华人民共和国农业部与文莱达鲁萨兰国工业及初级资源部农业合作谅解备忘录》。

两国在军事、教育、文化等领域的交流与合作继续扩大。2月，中国人民解放军副总参谋长葛振峰上将访文。8月，中国人民解放军海军南海舰队司令员苏支前少将访文，并率“广州号”导弹驱逐舰出席文莱第二届国际防务展。9月，文国防部副部长亚斯敏访华。8月，文莱大学和文莱技术学院出席第二届中国—东盟教育周，并分别与海南大学和贵州大学签署合作谅解备忘录。

2010年

2010年，中华人民共和国与文莱达鲁萨兰国关系继续保持健康稳定发展，各领域友好交流与合作持续推进。

两国高层继续保持密切往来。1月，国务委员戴秉国访文。8月，国家体育总局局长刘鹏访文。5月，文莱外交与贸易部长穆罕默德亲王来华出席上海世博会文莱国家馆日活动。10月，文莱工业与初级资源部长叶海亚来华出席在南宁举行的第七届中国—东盟博览会。11月，文莱国家奥委会主席苏弗里亲王来华出席广州亚运会开幕式。12月，文莱外交与贸易部第二部长林玉成来华进行工作访问。

两国经贸合作进一步拓展。原油贸易规模大幅提升，农渔业合作取得进展，广西壮族自治区玉林市与文莱合作开展杂交水稻种植研发项目。8月，中国（宁夏）—文莱国际合作论坛在银川举行，双方致力于在清真食品领域开展合作。

两国关系在文化、教育、旅游等领域交流与合作继续扩大。文莱国家广播电视台赴华录制反映渤泥王访华和中国伊斯兰文化的记录片《中文友谊源远流长》。文莱大学与中国石油大学、云南大学分别在能源、生物多样性领域建立校际联系。3月，文莱皇家航空公司恢复斯里巴加湾—上海航线。6月，文莱旅游发展局赴上海、杭州和宁波举行推介活动。

2011年

2011年是“中文友好年”，中华人民共和国与文莱达鲁萨兰国关系稳步发展，各领域友好交流与合作持续推进。

两国高层保持密切往来。11月20—21 日，国务院总理温家宝对文莱进行正式访问，其间同文莱苏丹哈桑纳尔举行会谈，见证签署《中华人民共和国政府和文莱达鲁萨兰国政府关于能源领域合作谅解备忘录》、《中华人民共和国国家林业局与文莱达鲁萨兰国工业和初级资源部关于林业合作的谅解备忘录》和《中国海洋石油总公司与文莱达鲁萨兰国国家石油公司关于石油天然气商业合作的谅解备忘录》，中国文莱睦邻友好合作关系得到进一步发展。3月，全国人大常委会副委员长华建敏访文。10月，全国政协副主席兼全国工商联主席黄孟复访文。5月，全国政协副主席陈宗兴访文。6月，文莱公主、外交与贸易部无任所大使玛斯娜访华。

双方各领域的交流与合作持续深化。5月，解放军广州军区副参谋长孔见少将作为总参谋长陈炳德的代表率团参加文莱国际军乐节，广州军区战士杂技团节目组随同前往演出。7月，南海舰队司令员蒋伟烈少将率“武汉”号驱逐舰和“玉林”号护卫舰赴文参加2011年文莱国际防务展。11月，两国卫生部签署《中华人民共和国卫生部和文莱达鲁萨兰国卫生部卫生合作2012—2015执行计划》，江苏省南京市和文莱斯里巴加湾市签署《江苏省南京市政府代表中华人民共和国政府与斯里巴加湾市管理委员会和内政部代表文莱达鲁萨兰国政府缔结友好城市协议书》。

2012年

2012年，中华人民共和国与文莱达鲁萨兰国关系发展顺利，各领域友好交流与合作进一步加强。

两国高层交往密切。9月，国家主席胡锦涛在出席亚太经合组织第20次领导人非正式会议期间，同文莱苏丹哈桑纳尔·博尔基亚举行会晤。4月，全国政协主席贾庆林对文莱进行正式友好访问。分别会见了文莱苏丹哈桑纳尔和立法会议议长佩欣·达图·哈吉·阿旺·伊萨；广泛做文莱各界友好工作，有力推动了中国同文莱友好合作关系发展。8月，外交部长杨洁篪对文莱进行正式访问。5月，文莱外交与贸易部第二部长佩欣·达图·林玉成，文首相府能源部长达图·斯里·穆罕默德·亚斯敏访华。

两国经贸、能源合作不断深化。中文双边贸易额13.1亿美元。文莱工业与初级资源部长佩欣·达图·叶海亚·宾·帕都卡和发展部长佩欣·达图·苏约伊·宾·奥斯曼出席第九届中国—东盟博览会。中国海洋石油总公司开始为文莱方面培训油气技术人员。

双方各领域的交流与合作进一步加强。4月，中国新疆木卡姆艺术团在文莱举办了“文化中国·魅力新疆”专场文艺演出。11月，中同海军“郑和”号训练舰访问文莱。12月，中方首批援文莱青年志愿者赴文莱工作。

2013年

2013年，中华人民共和国与文莱达鲁萨兰国各领域友好交流与合作进一步加强，双边关系提升到新的高度。

高层交往频繁。10月，国务院总理李克强对文莱进行正式访问，同文莱苏丹哈桑纳尔·博尔基亚举行会谈。访问期间，双方共同发表《中华人民共和国和文莱达鲁萨兰国联合声明》，一致同意进一步加强政治、经贸、能源、基础设施、农渔业、防务、教育和人文等领域的合作。5月，外交部长王毅对文莱进行正式访问。4月，文莱苏丹哈桑纳尔对中国进行国事访问，国家主席习近平同其会谈，李克强总理、全国人大常委会委员长张德江分别会见。访问期间，两国发表《中华人民共和国和文莱达鲁萨兰国联合声明》，将中国文莱关系提升为战略合作关系。2月，文莱外交与贸易部长穆罕默德·博尔基亚亲王访华。5月，文莱外交与贸易部无任所大使玛斯娜公主访华。1月，文莱外交与贸易部第二部长佩欣·达图·林玉成和文莱首相署能源部长达图·斯里·穆罕默德·亚斯敏访华。

能源合作继续深化。双方签署《中国海洋石油总公司与文莱国家石油公司关于建立钻井平台合营公司、在大摩拉岛建设海洋后勤基地的联合可行性研究、人员培训及发展的合作协议》和《中国海洋石油总公司与文莱国家石油公司关于成立油田服务领域合资公司协议》。中国浙江恒逸集团有限公司在文莱投资的石化项目获两国政府批准，进入设计阶段。两国相关企业还将积极探讨共同勘探和开采海上油气资源。

各领域交流与合作进一步加强。中方积极支持文莱举行人道主义救援、减灾和军事医学联合演习、第二届东盟防长扩大会议和文莱国际防务展。中国援文青年志愿者项目进展顺利。“文化中国·四海同春”艺术团赴文莱演出。

积极推动区域合作。中国积极支持文莱担任东盟轮值主席国，同包括文莱在内的本地区国家一道，大力拓展经贸、投资、互联互通、海上、人文等领域务实合作，推动中国—东盟关系和东亚合作取得新的重要进展。

2014年

2014年，中华人民共和国与文莱达鲁萨兰国关系发展顺利，各领域友好交流与合作进一步加强。

两国高层保持交往势头。11月，文莱苏丹哈桑纳尔·博尔基亚来华出席亚太经合组织第22次领导人非正式会议。5月，文莱外交与贸易部第二部长佩欣·达图·林玉成和首相署能源部长达图·斯里·穆罕默德·亚斯敏访华。

两国各领域交流与合作进一步加强。4月，文莱海军舰艇首次访华并赴青岛参加“海上合作2014”多国海上联合演习。7月，中国海洋石油总公司所属能源发展股份有限公司与文莱国家石油公司物流公司签订《关于在大摩拉岛建立综合海洋供应基地的谅解备忘录》。9月，广西壮族自治区政府与文莱政府签署《关于文莱—广西经济走廊经贸合作谅解备忘录》。

2015年

2015年，中华人民共和国与文莱达鲁萨兰国关系发展顺利，各领域友好交流与合作进一步加强。两国保持高层交往势头。10月，全国人大常委会副委员长、民盟中央主席、国际交流协会副会长张宝文访问文莱。3月，广西壮族自治区党委书记、人大常委会主任彭清华访文。8月，海南省委书记、省人大常委会主任罗保铭访文。9月，文工业与初级资源部长叶海亚来华出席第12届中国—东盟博览会。10月，文首相府能源部长亚斯敏来华出席中国—东盟防长非正式会晤、第六届香山论坛和中国—东盟执法安全合作部长级对话。

两国各领域交流与合作进一步加强。3月，中文“海上丝绸之路”联合展览开幕式暨文莱海洋博物馆开馆仪式隆重举行，比拉王储偕主要内阁成员出席。5月，中国港湾工程公司承建的文摩拉岛大桥举行签约动工仪式。

（资料来源：中华人民共和国外交部政策研究司编：《中国外交》（1992—2016年版），北京：世界知识出版社。）

参考文献

一、中文文献

[1]中华人民共和国外交部政策研究室. 中国外交：2004—2014年版. 北京：世界知识出版社.

[2]俞亚克，黄敏. 当代文莱. 成都：四川人民出版社，1994.

[3][苏联]拉·维·叶法诺娃. 文莱：历史、经济和现状. 中山大学东南亚历史研究室译. 北京：商务印书馆，1978.

[4]邵建平，杨祥章. 文莱概论. 北京：世界图书出版公司，2012.

[5]马金案，黄斗. 文莱国情与中国—文莱关系. 北京：世界知识出版社，2008.

[6]刘新生. 中国与文莱关系史料汇编. 北京：世界知识出版社，2006.

[7]杨新华，杨建华. 浡泥王墓探源. 南京：南京大学出版社，2002.

[8]邵波. 试析文莱对外关系的特点. 东南亚纵横，2010.

[9]马金案. 文莱：政局稳定经济持续发展. 东南亚纵横，2004.

[10]黄云静. 伊斯兰教与当代文莱政治发展. 当代亚太，2007.

[11]张学刚. 文莱民族宗教概况. 国际资料信息，2003.

[12]万晓宏. 文莱华人现状分析. 东南亚研究，2004.

[13]庄国土. 马来化、伊斯兰化和君主制度下文莱华人的社会地位. 东南亚研究，2003.

[14]吴崇伯. 文莱的华侨、华人经济. 华侨华人历史研究，1994.

[15]廖小健. 文莱政府的华侨华人政策. 东南亚研究，1996.

[16]孙德安. 文莱华教之现状. 暨南大学华文学院学报，2003.

[17]王云娇. 对文莱能长期保持政治社会稳定的几点看法. 东南亚纵横，2005.

[18]王青. 历代中国与文莱的友好交往. 东南亚研究，1998.

[19]汪诗明，王艳芬. 论文莱独特的君主政体. 东南亚研究，2006.

[20]季士家. 中国文莱交往史考略. 史学月刊，1987.

[21]汪诗明. 论文莱的民族独立进程. 东南亚之窗，2008.

[22]彭运锋. 文莱教育简介. 基础教育研究，2008.
[23]王志和，徐卫东. 文莱达鲁萨兰国立宪运动及其特点. 当代法学，1993.
[24][英]赫尔大学A·V·霍顿. 英国对文莱的管理：1906—1959. 近代亚洲研究，1986.
[25]罗满秀，汤希. 论中国与文莱关系特点及前景. 长春工程学院学报，2009.
[26]沙梅. 历史上中国与文莱交往. 1983.
[27]孙佳梅. 宋代至清末中国和文莱关系研究. 海南师范大学，2013.
[28]马静，马金案. 文莱：2005—2013年回顾与展望(系列). 东南亚纵横，2014.

二、英文文献

[1]By God's Will —A Portrait of the Sultan of Brunei, Lord Chalfont 1989, Published in Great Britain by George Weidenfeld & Nicolson Limited .
[2]Brunei Darussalam in Profile, Revised Edition 1992, Printed by the Government Printing Department in the Minisntry of Law, Brunei Darussalam .
[3]Sultan Omar Ali Saifuddin III and Britain—The Making of Brunei Darussalam, B. A. Hussainmiya, Published in the United States by Oxford University Press 1995.
[4]The Brunei Constitution of 1959, An Inside History, 2nd Edition, B. A. Hussainmiya.
[5]Brunei Darussalam in Brief, the 7th Edition, Published by the Information Department, Prime Minister's Office.
[6]Social Customs & Courtesies of Brunei Dassalaam, Edition 1996, Published by the Department of Information of the Prime Minister's Office of Brunei Darussalam.
[7]Brunei, Country Profile 2003, The Economist Intelligence Unit Limited 2003.
[8]Oleynik, Igor S. , Alexander, Natasha. Brunei Foreign Policy &Government Guide. International Business Publications, USA, 2003.
[9]Haji Zaini Haji Ahmad, M. A. the People'Party of Brunei, Selected Documents. the Institute of Social Analysis, 1987.
[10]Hj Mohd Yusop Hj Damit. Brunei Darussalam: Towards a New Era. Southeast Asian Affairs, Volume 2007.

[11]Hj Md. Yusop Hj Damit. Brunei Darussalam：Stead Ahead. Southeast Asian Affairs，Volume 2004.

[12]Pushpa Thambipillai. Brunei Darussalam：Making a Concerted Effort. Southeast Asian Affairs，Volume 2008.

[13]Simon Francis. Brunei Darussalam：Stresses and Uncertainty 50 Years on from the 1959 Agreement with Britain，Asian Affairs，Vo1. XL，No. II，July 2009.

[14]A. J. Stockwell. Britain and Brunei，1945-1963：Imperial Retreat and Royal Ascendancy. Modern Asian Studies，Vo1. 38，No. 4，Oct.，2004.

三、主要网站

[1]中华人民共和国驻文莱大使馆（及经商处） http：//bn.chineseembassy.Org/chn/wlxw/

[2]中华人民共和国外交部 http：//www.fmprc.gov.cn/chn/Pds/ziliao/

[3]文莱首相府 http：//www.pmo.gov.bn/

[4]文莱外交部 http：//www.mofat.gov.bn/

[5]新华网 http：//www.xinhuanet.com/

[6]人民网 http：//www.people.com.cn/

[7]南博网 http：//www.caexpo.com/

后　记

自2014年接受世界图书出版广东有限公司和北京大学东南亚学研究中心共同策划的《东南亚各国史纲》丛书的文莱分册撰写任务以来，我就着手查找和整理相关资料，尽管我曾在中国驻文莱使馆工作多年，但由于文莱国小民寡，有关文莱的历史资料很少，无法同其他东南亚国家相比，好在我国古书中对两国交往多有记载。期间，我走访了文莱驻华使馆，他们向我提供了一些相关资料，给了我不少帮助。与此同时，我还参阅和借鉴了前人的研究成果，最终撰写成此书。在此谨向文莱前驻华大使张慈祥女士、李焕莹秘书及各位相关的专家学者致以最诚挚的谢意！

在撰写过程中，本书得到了北京大学梁志明教授和世界图书出版广东有限公司卢家彬副总经理的宝贵指导。程静编辑也为此书付出了不少精力。借此机会谨向他们表示衷心感谢！

由于水平有限，书中不妥和错误之处在所难免，恳请学术界各位专家和广大读者不吝批评指正。

著　者

2018年10月